Just do it... *right*

Wie man(n) mit der eigenen Sexualität gut umgeht

*Die Vorbereitung auf eine langfristig
glückliche Partnerschaft*

Die Bibelzitate wurden folgenden Übersetzungen entnommen:
GNB: Gute Nachricht Bibel, revidierte Fassung, durchgesehene Ausgabe, © 2000 Deutsche Bibelgesellschaft, Stuttgart, www.bibelonline.de.
NGÜ: Bibeltext der Neuen Genfer Übersetzung – Neues Testament und Psalmen
Copyright © 2011 Genfer Bibelgesellschaft. Wiedergegeben mit freundlicher Genehmigung. Alle Rechte vorbehalten.
HFA: Die Bibelstellen sind der Übersetzung Hoffnung für alle® entnommen, Copyright © 1983, 1996, 2002, 2015 by Biblica, Inc.®. Verwendet mit freundlicher Genehmigung des Herausgebers Fontis – Brunnen Basel.
NL: Neues Leben. Die Bibel © 2002 und 2006 SCM R.Brockhaus im SCM-Verlag, Witten.
VOLX: VOLXBIBEL, © 2013 SCM R.Brockhaus im SCM-Verlag, Witten.

Cover und Satz: www.dobrunz.de
Lektorat: Christine Schubert und Eric Müller

Herstellung und Verlag:
BoD – Books on Demand, Norderstedt

© 2016 Daniel R.
Kontakt mit dem Autor:
pureliebe@yahoo.com

ISBN: 9783741253201

Inhalt

Prolog

1. Meisterwerk Sexualität

2. Wie man(n) mit dem Sexualtrieb umgeht

3. Partnerschaft

4. Begierde und Pornographie in meinem Leben

5. Meine Love-Story

6. Sexualität aus der Sicht eines verheirateten Mannes

Danksagung

Prolog

Prolog

Mitten im Kriegsgebiet

Leuchtraketen erhellten den Nachthimmel; dröhnende Maschinengewehrsalven ließen Fensterscheiben klirren. Mein Adrenalinspiegel schoss in die Höhe, während ich durch die dunklen Straßen hastete. An meinem heruntergekommenen Wohnblock angekommen, sprang ich die schief gebauten Treppen hoch. Mein Vermieter begrüßte mich an der Wohnungstür mit den Worten: „Duck dich, es geht um deinen Kopf!". Seit über zwei Jahren wohnte ich in Memaliaj, einer Kleinstadt in Südalbanien. Eine Finanzkrise hatte das Land erschüttert; aus Wut auf die Regierung hatten die Bewohner meiner Wahlheimat die Bundesstraße Richtung Hauptstadt Tirana blockiert und die Waffenlager des Militärs geplündert. In fast jedem Haus gab es nun eine Kalaschnikow. Es herrschte Anarchie.

Wahrscheinlich bereute dieser Mann es an diesem Abend, einen vermeintlich reichen Deutschen in Untermiete zu haben. Ich war wie ein bunter Hund in dieser ehemals kommunistischen Stadt, die noch vor wenigen Jahren völlig abgeschottet gewesen war. Die Sorge, dass ich Zielscheibe eines aufgebrachten Mobs werden könnte, erwies sich als unbegründet; niemand klopfte in dieser Nacht an unsere Wohnung. Am nächsten Morgen traf ich meine Teamkolleginnen. Der Schrecken war ihnen ins Gesicht geschrieben. Ein Granatsplitter war durch das Fenster ihrer Wohnung im vierten Stock geflogen. Sie wollten so schnell wie möglich das Land verlassen. Ich ging noch mal nach Hause und packte notdürftig meine wichtigsten Utensilien in eine Plastiktüte.

Prolog

Eigentlich wollte ich nicht weg. Wenngleich die vergangenen Jahre in einem internationalen Team in einer fremden Kultur viele Herausforderungen mit sich gebracht hatten, wollte ich dieses Leben nicht missen.

Gemeinsam liefen wir zur Bundesstraße am Stadtrand; dort passierten wir die Straßenblockade und fanden ein Taxi. Nachdem wir um den Preis gefeilscht hatten, stiegen wir ein. Wir fuhren nach Süden, Richtung Griechenland, durch eine wunderschön raue Landschaft; links und rechts ragten die kargen Balkan-Berge empor; auf den Wiesen hüteten Hirten ihre Schafherden, als ob dies ein ganz normaler Tag wäre. Vor uns lag ein umgestürzter Panzer im Straßengraben, der uns daran erinnerte, dass dieses Land im Chaos zu versinken drohte. Nach einer Stunde Fahrt waren wir an der Grenze. Albaner durften zu dieser Zeit noch nicht in ein EU-Land reisen. Einerseits waren wir froh um unsere ausländischen Pässe, andererseits fühlten wir uns schuldig. Wir hatten uns nicht einmal von unseren albanischen Freunden verabschiedet und ließen sie jetzt in diesem Chaos zurück.

Es war wenig los an der Grenze. Während wir die Formalitäten abwickelten, kam uns ein englisches Reporterteam mit Kamera entgegen. Weil Albanien in den Fokus der Weltpresse gerückt war, wollten sie vor Ort berichten. Wenn es nach mir gegangen wäre, hätte ich auf dem Absatz kehrtgemacht und wäre mit den Engländern zurückgegangen. Paradoxerweise verband ich mit diesem armen und zerrissenen Land die Wiederherstellung meines Herzens, nachdem ich im wohlhabenden Deutschland viele Jahre in seelischer Verarmung gelebt hatte. Nur wenige Tage hatte ich diese bürgerkriegsähnlichen Unruhen im März 1997 in Albanien miterlebt. Zuvor hatte über viele Jahre hinweg auf einem kleineren Schlachtfeld ein ganz anderer Kampf getobt. Mein eigenes Herz war von dem Gefühl des Abgelehnt-Seins, von absurden Gedanken und von einer verbogenen Sexualität zugedröhnt und hatte meine Seele in einen Dauerzustand innerer Unruhe versetzt. Nur mit mir selbst beschäftigt, war ich innerlich vereinsamt und am Boden zerstört gewesen. Bis Gott eingriff und mein Herz heilte. Deshalb weiß ich: aus einem Trümmerhaufen kann neues Leben entstehen.

1. Meisterwerk Sexualität

1. Meisterwerk Sexualität

Das Original

Du bist eine wandelnde Chemiefabrik. Während du diesen Satz liest, produziert dein Körper 6000 Spermien! Dein Sexualtrieb lebt! Willkommen in der Testosteron-Leidensgemeinschaft.

Und der Druck kommt nicht nur von innen, sondern auch von außen. Von allen Seiten wirst du dazu animiert, deinen Trieb auszuleben. Ein Buch zu diesem Thema mit christlichen Werten scheint dir nur in die Quere zu kommen.

Hand aufs Herz: Möchtest du überhaupt, dass Gott dir beim Thema Freundschaft und Sexualität Vorschriften macht? Okay, er kann dir gerne helfen, wenn du mal in der Patsche sitzt. Aber zu sehr möchtest du dich nicht auf ihn einlassen. Er ist der Erfinder von Regeln und Einschränkungen; und alles, was richtig Spaß macht, verbietet er natürlich. Nein, so ein lammfrommes Leben ist nichts für dich!

Aber ist Gott wirklich dieser bärtige alte Typ, der mit erhobenem Zeigefinger von da oben mürrisch auf uns runterschaut? Kann es sein, dass er eigentlich ganz anders ist, als wir uns ihn oft vorstellen?

Die folgende Aussage Gottes, nachdem er den Adam geschaffen hat, gibt uns einen Einblick:

1. Mose 2,18

Es ist nicht gut für den Menschen, allein zu sein. Ich will ihm ein Wesen schaffen, das zu ihm passt. (NL)

Es ist ganz natürlich, dass du als Mann auf der Suche nach einem weiblichen Wesen bist, das zu dir passt; du bist ein Nachkomme Adams. Gott hat diese Sehnsucht in dich gelegt. Und Gott ist nicht der Erfinder der platonischen Liebe:

> 1 Mose 1,27-28
>
> *So schuf Gott die Menschen nach seinem Bild, als Gottes Ebenbild schuf er sie und schuf sie als Mann und als Frau. Und Gott segnete die Menschen und sagte zu ihnen:* **"Seid fruchtbar und vermehrt euch!"** *(GNB)*

Gott schuf die Menschen als Mann und Frau. Mit anderen Worten: Er erschuf uns mit unserer Sexualität. Er hat uns mit einem Sexualtrieb ausgestattet. Das allererste Gebot Gottes an die Menschen waren keine Benimmregeln, sondern die Aufforderung, von ihrer Sexualität Gebrauch zu machen und sich zu vermehren. Der menschliche Körper mit seinen Geschlechtsorganen und dem dazugehörenden Hormonhaushalt ist ein genialer Gedanke Gottes. Wenn wir Sexualität als etwas Schlechtes einstufen, würden wir letztlich die Schöpfer-Fähigkeiten Gottes kritisieren.

Gott, der absolut rein und heilig ist, hat die Sexualität geschaffen; demzufolge ist sie nichts Schmutziges und Beschämendes, sondern eine geniale Idee. Es braucht nicht viel Phantasie, sich vorzustellen, dass Adam und Eva im Garten Eden das gemeinsame Leben in vollen Zügen genossen.

Kurz nachdem Gott die beiden ersten Menschen geschaffen hatte, gibt er auch Anweisungen über das Zusammenleben von Mann und Frau:

> 1. Mo 2,24
>
> *Darum verlässt ein Mann seine Eltern und verbindet sich so eng mit seiner Frau, dass die beiden eins sind mit Leib und Seele. (HFA)*

Hier wird die Rahmenbedingung von Sexualität dargelegt: Ein Mann verlässt seine Ursprungsfamilie, um eine neue Familie zu gründen. Auch wird die Intensität von Sex beschrieben: Im Geschlechtsverkehr kommt es zu einer so engen Verbindung zwischen Mann und Frau, dass sie zu einer Einheit verschmelzen; das hebräische Wort im Urtext für „verbinden" kann

> **Sexualität ist der Klebstoff in einer langfristig angelegten Beziehung**

man auch mit „kleben" übersetzen. In anderen Worten: Sexualität ist der Klebstoff in einer langfristig angelegten Beziehung und versiegelt die geistliche, seelische und körperliche Verbindung zweier Menschen.

Um zu illustrieren was beim Sex passiert, kann man ein rotes und ein blaues DIN-A4-Blatt zusammenkleben. Ab jetzt bilden sie in ihrer Unterschiedlichkeit eine Einheit; wenn man sie wieder gewaltsam voneinander trennt, kleben an jedem Blatt jeweils Fetzen des anderen Blatts. Sex ist mehr als ein prickelndes Date. Beide Seiten würden in Mitleidenschaft gezogen, würde man wieder getrennte Wege gehen.

Die sexuelle Erfahrung hat mich verändert; jemand anderes ist ein Teil von mir geworden.

1. Mose 4,1 wird von modernen Übersetzungen so übersetzt: „Adam schlief mit seiner Frau Eva". Wörtlich steht da eigentlich: „Adam erkannte seine Frau Eva." Die Bibel beschreibt also Intimverkehr als „Erkennen des Partners", weil da eine ganz besondere Wahrnehmung stattfindet. Beim Sex wird quasi der Auslöser der Herzenskamera gedrückt. In der Seele öffnet sich die Linse und die intensive Begegnung mit dem Gegenüber wird unauslöschlich auf die eigene Festplatte gebrannt. Die menschliche Seele ist kein externes Speichermedium, bei dem man solche Inhalte auf Knopfdruck löschen kann.

Weil die sexuelle Erfahrung tiefe Spuren in der eigenen Persönlichkeit hinterlässt, soll sie nur im geschützten Rahmen der Ehe geschehen.

Die Fälschung

Jetzt müssen wir uns die Frage stellen: Wenn Gott uns die Sexualität als beziehungsförderndes Element geschenkt hat, warum gibt es gerade in der Beziehung zwischen Mann und Frau so viel Entfremdung, Perversion und Missbrauch? Offensichtlich hat die menschliche Herangehensweise einen Schatten auf die göttliche Idee geworfen.

Überall wird Sexualität als Ego-Trip zelebriert und jeder soll bei der Selbstfindung möglichst viele Erfahrungen damit sammeln. Liebe wurde mit sexueller Lust verwechselt; dabei ist das eine genau das Gegenteil des anderen; bei Liebe steht die andere Person im Mittelpunkt, bei Lust das eigene Ich, und das Gegenüber wird nur für die eigenen Zwecke ausgenutzt. Die Auswirkungen sind verheerend.

Stell dir vor, du hast zu deinem Geburtstag ein iPhone geschenkt bekommen; natürlich nimmst du es gleich mit in den Urlaub. In der Bedienungsanleitung steht: „Achten Sie darauf, dass keine Feuchtigkeit in das Gehäuse eindringt." Doch du denkst dir: „Ich lass mir von Apple doch nicht den Spaß verderben! Niemand schreibt mir vor, wie ich mein Handy zu nutzen habe!" Du schwingst dich auf die Luftmatratze, schwimmst raus aufs Meer und genießt es, deinen Freunden zu Hause WhatsApp-Messages und Bilder von deinem herrlichen Badeurlaub zu schicken. Plötzlich reißt dich eine Welle von der Luftmatratze; du schwimmst zurück und dann merkst du, dass dein iPhone nicht mehr reagiert und kaputt ist.

Jetzt ist dir klar: Apple hatte mit dieser Anweisung nur beabsichtigt, dir langfristige Freude an dem Gerät zu ermöglichen. In gleicher Weise hat Gott Eckpunkte in Bezug auf Sexualität aufgestellt, nicht um uns den Spaß zu verderben, sondern um uns in diesem sensiblen Bereich unserer Persönlichkeit vor Schaden zu bewahren.

Gott hat uns mit Sexualität ausgestattet, damit wir uns einer anderen Person schenken können. Es ist natürlich, dass wir uns zum anderen Geschlecht hingezogen fühlen. Es war aber nie Gottes Plan, dass wir Mädels als Objekt der Befriedigung unserer Bedürfnisse sehen. Wie ist es zu dieser Verdrehung gekommen? Die Antwort finden wir schon kurz nach der Schöpfungsgeschichte. Adam und Eva aßen von der verbotenen Frucht, und die folgenden Verse beschreiben die unmittelbare Auswirkung des Sündenfalls:

1. Mose 3,7-11
Plötzlich gingen beiden die Augen auf, und ihnen wurde bewusst, dass sie nackt waren. Hastig flochten sie Feigenblätter zusammen und machten sich einen Lendenschurz.
Am Abend, als ein frischer Wind aufkam, hörten sie, wie Gott, der Herr, im Garten umherging. Ängstlich versteckten sie sich vor ihm hinter den Bäumen. Aber Gott rief: „Adam, wo bist du?" Adam antwortete: „Ich hörte dich im Garten und hatte Angst, weil ich nackt bin. Darum habe ich mich versteckt." „Wer hat dir gesagt, dass du nackt bist?", fragte Gott. „Hast du etwa von den verbotenen Früchten gegessen?" (HFA)

Offensichtlich löste der Sündenfall eine Art „Selbst-Bewusstsein" beim Menschen aus, welches Gott nie geplant hatte. Adam und Eva lebten im Paradies, all ihre geistlichen, seelischen und körperlichen Bedürfnisse waren so gut gedeckt, dass sie sich nicht um sich selber kümmern mussten. Sie konnten ihre gesamte Aufmerksamkeit Gott, dem Partner und der Umwelt widmen. Doch der Sündenfall zerstörte diesen paradiesischen Zustand. Zum ersten Mal schaute Adam auf sich selber und merkte: „Huch, ich bin ja nackt!" Adam wurde egozentrisch und deshalb fühlte er sich schutzlos. Die ersten Menschen versteckten sich vor Gott und mussten den Ort der ungehinderten Beziehung mit ihrem Schöpfer verlassen. Sie waren von der Quelle des Lebens abgeschnitten und der Überlebenskampf begann. Jeder war mit sich selber beschäftigt und musste von nun an seinen Lebensunterhalt hart erarbeiten. Ihre Nachfahren versuchen krampfhaft, die eigenen Bedürfnisse zu stillen. Seitdem steht auch unser gottgegebener Sextrieb unter dem Vorzeichen des gefallenen Menschen. Ein ungezügelter, selbstbezogener Lebensstil ist gesellschaftsfähig geworden. Was ist passiert?

Die Sexualität wurde von ihrer eigentlichen Bestimmung abgekoppelt – die lebenslange Zusammengehörigkeit eines Paares zu stabilisieren und neues Leben aus seiner Liebesbeziehung entstehen zu lassen.

Das iPhone hatte Wasser geschluckt.

Anders ausgedrückt: Der Zug mit dem bezaubernden Namen „Sexualität" wurde von den Schienen gehoben und von der vermeintlichen Einschränkung befreit, damit man ihn dorthin lenken konnte, wo man wollte; doch in Wirklichkeit ist dieser entgleiste Zug stecken geblieben. Viele Menschen haben die „freie Liebe" für kurze Zeit geschmeckt und sind jetzt desillusioniert. Sie sind innerlich verbraucht, weil sie sich an zu viele Menschen verschenkt haben. Paulus warnt davor, genauso zu denken wie alle anderen um uns herum.

Römer 12,2
Richtet euch nicht länger nach ´den Maßstäben` dieser Welt, sondern lernt, in einer neuen Weise zu denken, damit ihr verändert werdet und beurteilen könnt, ob etwas Gottes Wille ist – ob es gut ist, ob Gott Freude daran hat und ob es vollkommen ist. (NGÜ)

Seit dem Sündenfall steckt die Rebellion Gott gegenüber in den Köpfen der Nachkommen Adams. Die Welt weigert sich, Gottes Bedienungsanleitung zur Sexualität zu befolgen und will sie außerhalb der gottgegebenen Rahmenbedingungen ausleben. Das hat System. Dahinter steckt derselbe Gegenspieler Gottes, dem schon Adam und Eva auf den Leim gegangen sind. Der Teufel wird Diabolos genannt, was auch „Verdreher" und „Verleumder" bedeutet. Er verleumdet Gott. Die ersten Menschen hat er hinters Licht geführt, indem er Gottes Motive in Frage gestellt hat (s. 1 Mose 3,1-5).

Jesus deckt diese Lüge auf und stellt klar:

Johannes 10,10
Der Dieb will nur seinen eigenen Vorteil, er beklaut dich und will alles kaputt machen. Ich will dagegen ein echtes, total erfülltes Leben ermöglichen. (VOLX)

Die gängige Meinung ist, dass die Welt (das ist der übliche Lebensstil ohne Gott) Spaß bietet und das Christsein langweilig ist.

Jesus macht hier deutlich, dass es sich dabei um eine teuflische Verdrehung handelt. In Wirklichkeit ist Satan, hier Dieb genannt, der Spielverderber; er möchte uns kaputt machen. Jesus dagegen möchte, dass wir in jeder Hinsicht ein lebenswertes Leben haben. Dies beinhaltet auch unsere Sexualität. Jesu Wunsch für uns ist, dass wir uns langfristig an erfüllter Sexualität erfreuen. Der Teufel dagegen möchte uns zu verfrühten und abartigen sexuellen Erfahrungen verführen. Sein Ziel dabei ist, dass wir außerhalb des gottgegebenen, geschützten Rahmens sexuelle Erfahrungen sammeln, damit ein beschämendes Gefühl zurück bleibt, die Reinheit verloren zu haben oder ausgenutzt worden zu sein. Sexualität, dieses Geschenk Gottes an die Menschen, soll nach dem Willen des Diabolos verdorben werden. Er verleitet Menschen, einen maßlosen Lebensstil der Genussmaximierung zu verfolgen, in dem Wissen, dass dieser Weg immer in eine Sackgasse führt.

> **Jesu Wunsch für uns ist, dass wir uns langfristig an erfüllter Sexualität erfreuen.**

Ich arbeitete eine Zeitlang in einer Drogenreha in Lüdenscheid. Der Lebensstil von Drogen, Sex und Partys hatte etliche Gestrandete und innerlich kaputte und verbrauchte Menschen an diesen Ort gebracht. Ein junger Mann erzählte mir, wie er viele Jahre als Heroinabhängiger einfach nur dahinvegetierte. Mit dem Freiwerden von der Sucht kam sein Empfinden zurück. Jetzt musste er lernen, mit den wieder erwachenden sexuellen Gefühlen richtig umzugehen. Kurz nach dem Gespräch befreundete er sich, und bald darauf heiratete er die Frau seiner Träume. Der Teufel hatte versucht, die Sexualität dieses Mannes zu zerstören; Jesus schenkte sie ihm mit der Wiederherstellung seiner Persönlichkeit wieder.

In einem anderen Zusammenhang bekam ich mit, welche Auswirkung Sex außerhalb der göttlichen Ordnungen bei einer Frau hat. Meine Leiterin im internationalen Missionsteam in Albanien war sehr extrovertiert und redete offen über ihre Vergangenheit. Sie hatte sexuelle Beziehungen mit mehreren Jungs hinter sich, bevor sie Christin wurde, und die letzte war besonders intensiv. Obwohl inzwischen einige Jahre vergangen waren, erzählte sie regelmäßig, dass sie in der vergangenen Nacht schlecht geschlafen hatte, weil wieder Unmut und Aggression über ihren Ex-Freund hochgekommen war. Durch den Geschlechtsverkehr war sie quasi mit ihrem Freund zu einer Einheit verschmolzen, und die Wiederherstellung ihres Herzens nach dem Zerbrechen der Beziehung war ein langwieriger Prozess.

Wenn wir biblische Richtlinien zum Thema Sexualität für einen Käfig halten, der uns davon abhält, das echte Leben da draußen zu genießen, dann werden wir früher oder später versuchen auszubrechen. Stattdessen können wir Gottes Anweisungen als nützliche Leitplanken auf dem Weg zu einer erfüllten Sexualität sehen. Unsere Einstellung wird unsere Entscheidungen im Alltag beeinflussen und weitreichende Folgen auf unsere Zukunft haben.

Der ursprüngliche Plan der Sexualität wird allerdings nicht nur von einer verweltlichten Sicht, sondern auch von einer pseudoreligiösen Einstellung verfälscht. Man fällt quasi auf der anderen Seite vom Pferd, wenn man Sex als ein notwendiges Übel darstellt, dessen einzige Legitimation darin besteht, Kinder zu bekommen. Es hat den Anschein, als ob dieser Ansatz Gottes Willen entspricht; in Wirklichkeit ist er aber genau wie die liberale säkulare Sichtweise ein menschliches Gedankenkonstrukt. Irgendwie ist es der eigenmächtige Versuch des religiösen Menschen, Gott aus eigener Kraft durch eine weltfremde Haltung zu gefallen. Doch gerade bei Vertretern dieser Überzeugung ist die Gefahr sehr groß in sexuellen Missbrauch reinzuschlittern. Man erkennt den eigenen Sexualtrieb nicht als das an, was er ist, nämlich ein Geschenk Gottes, und versucht ihn zu unterdrücken, bis der innere Druck zu groß wird und man ihn in zerstörerischer Weise auslebt.

Diese religiös verkrampfte Vorstellung steht nicht im Einklang mit der biblischen Sichtweise. Die ist überhaupt nicht prüde. Sie nimmt kein Blatt vor den Mund und beschreibt das Liebesleben etlicher Personen sehr offen. In 1. Korinther 7,2-5 werden verheiratete Paare angehalten regelmäßig Sex miteinander zu haben. Ja, Sex tut der Beziehung gut und hilft Spannung abzubauen.

Es ist schade, dass das Thema „Sexualität" so schambehaftet ist.

Folgende Gespräche habe ich in der Zeit, als ich dieses Buch schrieb, gefürchtet:

„Daniel, was machst du eigentlich gerade?"

„Ich schreibe ein Buch."

Mein Gegenüber schaut mich mit großen Augen an und fragt:

„Cool, ein Buch über was?"

Mein Gesicht läuft rot an und ich druckse herum: „Über, tja...ähm... Sex!"

> **Die Welt hat die Sexualität pervertiert, etliche religiöse Gruppen haben sie mit Scham belegt, doch in Gottes Königreich wird sie im Rahmen der Ehe gefeiert.**

Plötzlich verfinstert sich die Miene meines Gesprächspartners. Ich weiß, was er jetzt denkt: „Kannst du nicht über etwas Anständiges schreiben?"

Nur weil die Welt sich dieses Thema unter den Nagel gerissen hat, sollten wir nicht schweigen. Unser Sexualtrieb macht sich jeden Tag bemerkbar. Er ist ein zentrales Thema in unserer Entwicklung zum Mann. Er gehört angesprochen.

Die Welt hat die Sexualität pervertiert, etliche religiöse Gruppen haben sie mit Scham belegt, doch in Gottes Königreich wird sie im Rahmen der Ehe gefeiert.

2. Wie man(n) mit dem Sexualtrieb umgeht

2. Wie man(n) mit dem Sexualtrieb umgeht

Wer beeinflusst deine Entscheidungen?
Stell dir vor: Du stehst vor einer Kreuzung; nach rechts geht ein schmaler Bergpfad und nach links eine große Straße Richtung Tal. Fast alle Menschen befinden sich auf der linken Seite. Kaum hast du die Kreuzung erreicht, wirst du von einer Traube von Leuten umringt. Die lockere Art, wie man hier miteinander umgeht, imponiert dir. Es herrscht Partystimmung. Freundlich laden sie dich ein, mit ihnen Richtung Tal zu gehen. Doch wenn du Anstalten machst, dass du auch die Option des rechten Weges in Erwägung ziehst, schauen sie dich ungläubig und mit einem fragenden Blick an: „Bist du krank?" Auf dem Schild nach links steht das viel versprechende Ziel „Selbstverwirklichung". Das hört sich auf jeden Fall besser an als das klapprige Schild mit der Aufschrift „Selbstverleugnung", das zum Trampelpfad zeigt. Alle Indizien sprechen dafür, dass der linke Weg der richtige ist; ansonsten würden ihn ja nicht so viele Menschen frequentieren, oder? Die leise Stimme deines Gewissens, dass hier etwas nicht stimmt, wird von dem Getöse fast übertönt. Wie wirst du dich entscheiden?
Von der Kreuzung aus kannst du es noch nicht sehen: die breite Straße macht eine Kurve und verschwindet hinter einem Hügel; dort hört sie abrupt auf und mündet in einen steilen Abhang. Etliche Menschen sind auf diesem glitschigen Boden ausgerutscht, haben sich Verletzungen zugezogen und sind im Dreck gelandet. Das Tragische ist, dass sie nicht mehr zur Kreuzung zurückkommen und andere warnen. Die meisten schämen sich zu sehr und können nicht über ihre verletzte Intimsphäre

sprechen. Und so geht die Werbekampagne an der Wegkreuzung unvermindert weiter...

Jesus hat es so ausgedrückt:

Matthäus 7,13-14

Geht durch das enge Tor! Denn das weite Tor und der breite Weg führen ins Verderben, und viele sind auf diesem Weg.

Doch das enge Tor und der schmale Weg führen ins Leben, und nur wenige finden diesen Weg. (NGÜ)

Du hast dich zu entscheiden, ob du Jesus oder dem Mainstream folgen willst.

An der Kreuzung wird gemunkelt, dass der rechte Weg ins Kloster führt; doch in Wirklichkeit bereiten sich diejenigen, die sich auf diesem Bergpfad befinden, auf eine erfüllte und langfristige Partnerschaft vor.

Falls du unentschlossen bist, wirst du aufgrund der Sogwirkung nach links abdriften; wenn du aber entschlossen bist, gegen den Strom zu schwimmen und dem gesellschaftlichen Druck in Bezug auf sexuelle Erfahrungen standzuhalten, hast du den ersten wichtigen Schritt in die richtige Richtung getan; allerdings wirst du die Entscheidung immer wieder neu zu treffen haben, um auf der Spur zu bleiben.

> **Du hast dich zu entscheiden, ob du Jesus oder dem Mainstream folgen willst.**

Hier stellt sich die Frage, wie du deine Zeit verbringst.

Wenn du in eine Jugendgruppe und Gemeinde gehst, dann verbringst du etwa drei Stunden pro Woche in einer christlichen Umgebung. Doch wie viel Zeit verbringst du mit anderen Freunden, im Internet und mit sozialen Medien? Wahrscheinlich wesentlich mehr. Welche Werte werden dir dabei vermittelt? Es macht mich traurig, wenn Jugendliche, die aus christlichem Elternhaus kommen und gute Richtlinien in der Gemeinde mitbekommen haben, mit ihrer Freundin im Bett landen. Gemäß ihrem ursprünglichen moralischen Standard war das nicht so geplant, doch in einem schleichenden Prozess wurden ihre inneren Werte ausgehöhlt. Deshalb warnt die Bibel:

1. Korinther 15,33b

Schlechter Umgang verdirbt auch den besten Charakter. (NGÜ)

Die Person, mit der du viel Zeit verbringst, färbt auf dich ab. Auch der Umgang mit der digitalen Welt hinterlässt seine Spuren in deiner Persönlichkeit. Wenn du nicht willst, dass viel Müll auf die Festplatte in deinem Kopf geladen wird, musst du sehr bewusst dagegen steuern. Installiere einen mentalen Spam-Filter, wenn Freunde oder soziale Netzwerke dich negativ beeinflussen wollen. Lege dich fest, mit wem und womit du wie viel Zeit verbringen willst.

Der Umgang mit Mädels

Unser Sextrieb funktioniert wie ein Magnet – wir fühlen uns zu Mädels hingezogen. Je weiter zwei Magnete voneinander entfernt sind, desto schwächer ist die Anziehungskraft, je näher man sie zueinander führt, desto stärker ist die magnetische Wirkung und desto mehr Anstrengung braucht es, sie vom Zusammenprall abzuhalten. Je mehr wir uns der Gefahr aussetzen, desto wahrscheinlicher schlittern wir ungewollt in eine sexuelle Beziehung. Deshalb ist es wichtig, von Anfang an keine Kompromisse einzugehen.

So bewahren wir Mädels und uns sel-

> **Während wir Jungs durch das Visuelle animiert werden, reagiert ein Mädel sehr stark auf Berührung.**

ber vor viel Leid. Apropos Mädels: Bekanntlich ticken sie ja anders als wir Jungs. Wenn wir einen Samenerguss haben, ist diese erste Erfahrung mit unserer Sexualität ein schönes Gefühl. Der Sexualtrieb wird automatisch aktiviert. Mädels dagegen kriegen ihre Periode; das hat mit Blutung und Bauchschmerzen zu tun - ein völlig anderer Einstieg in die Geschlechtlichkeit. Wie bei Dornröschen muss oft die Liebe in ihnen erst wachgeküsst werden.

Während wir Jungs durch das Visuelle animiert werden, reagiert ein Mädel sehr stark auf Berührung. Für uns mag es ganz lässig sein, ein Mädel im Arm zu halten. Bei ihr wird dabei eine Sehnsucht geweckt – der Wunsch nach Geborgenheit. Wenn es aber für uns nur ein Spiel ist, bringen wir sie auf eine emotionale Achterbahn.

Wir sollten uns ehrlich fragen, wie wir diese Freundschaft eigentlich einstufen; die Signale, die wir senden, müssen in Übereinstimmung mit unseren Absichten sein. Wenn wir nur locker Freund sein wollen, dürfen wir keine falsche Hoffnung wecken, indem wir mit ihr flirten oder sie zärtlich berühren. Wir dürfen nicht vergessen: Sie ist im Ebenbild Gottes geschaffen. Sie ist zu wertvoll, als dass wir ihrem Herzen so große Schmerzen zufügen. Let's not mess with a princess!

Pornographie und Sexsucht

Matthäus 5,27-28

Ihr wisst doch zum Beispiel auch, dass im alten Vertrag steht: ‚Du sollst nicht fremdgehen, wenn du verheiratet bist!' Meine Meinung dazu ist: Wer auf eine verheiratete Frau auch nur scharf ist und sie in seiner Fantasie schon fast ausgezogen hat, ist mit ihr in Gedanken schon fremdgegangen! (VOLX)

Das sind aber ziemlich hohe Ansprüche! Die Israeliten waren schon unfähig, die Gebote zu erfüllen, und jetzt tritt Jesus auf die Matte und sagt quasi: "Meine Anforderungen sind höher als die des Alten Testaments. Nicht nur die Tat zählt, sondern schon der Blick!"
Diese vermeintlich harten Worte sollen uns nur vor Unglück bewahren. Jesus ist selbst ein Mann gewesen und weiß daher, wie wir ticken. Wir werden ja hauptsächlich über die optischen Reize animiert. Die Warnung Jesu ist heute aktueller denn je. Von allen Seiten werden wir visuell angemacht. Werbespots sind gespickt mit Erotik. Sexszenen findet man in den meisten Spielfilmen. Wir sind als Männer nicht dafür geschaffen, all diese Reize zu verarbeiten. Unser Sexualtrieb ist in unsrem Körper wie ein hochexplosives Gas – und überall um uns herum wird mit Feuer gezündelt. Das Web birgt dabei die größte Gefahr. Selbst auf „objektiven" Nachrichtenseiten im Internet werden wir mit sexualisierten Bildern überschwemmt.

Meine Frau schrieb einmal an ein renommiertes Nachrichtenportal, dass sie es abstoßend findet, ständig mit obszönen Bildern auf deren Homepage konfrontiert zu werden. Die Antwort des Nachrichtenmagazins war bezeichnend: Nicht wir bestimmen, welche Pop-ups auf unserer Webseite gezeigt werden, sondern der User; was am meisten angeklickt wird, erscheint als erstes. Diese Antwort offenbart die traurige Wechselwirkung zwischen der Verantwortungslosigkeit vieler Internetbetreiber und der wahren Natur vieler Internetbesuche:
Hier ein paar Zahlen darüber, wie sexualisiert das weltweite Netz ist:

- 40 Prozent aller Internetangebote enthalten pornografische Inhalte.
- 74 Prozent aller Einnahmen im Internet werden mit Sex-Angeboten eingefahren.
- Der Umsatz wird auf über eine Milliarde Dollar pro Jahr geschätzt.
- 25 Millionen Menschen surfen pro Woche auf einer Pornoseite.
- 31 Prozent aller Online-Nutzer haben Pornoseiten besucht.
- 60 Prozent aller Webseiten-Besuche sind sexueller Natur.
- 200 sex-bezogene Websites werden jeden Tag neu ins Internet gestellt. [1]

Mit einem Klick kann man pornographisches Material öffnen. Die Folgen sind verheerend. Pornographie hat das gleiche Suchtpotential wie Kokain. Am Anfang ist es ein erhebendes Gefühl. Der Neurotransmitter Dopamin wird im Gehirn ausgeschüttet. Sind die Gefühle verflogen, braucht man bald einen neuen „Kick"; doch bei zuviel Ausschüttung dieses Glückshormons stumpfen die Dopamin-Rezeptoren im Gehirn ab.

Durch Scans und MRTs kann man die Auswirkung von Pornokonsum im Gehirn nachweisen.

Das Volumen des Striatums, der Hirnregion, die zum Belohnungssystem des Gehirns gehört, verkleinert sich. [2]

Immer stärkere Reize werden benötigt um Befriedigung zu bekommen. Es ist ein Teufelskreis; inzwischen kann man all die Bilder im Internet gar nicht mehr genießen, ist aber süchtig danach und steckt in der Pornofalle.

Eigentlich ist es ein emotionaler Mangel, der zum Einstieg in die Porno-Welt führt; doch der Schuss geht nach hinten los: Wer häufig Pornographie konsumiert hat weniger Energie, Motivation und Lebenslust, neigt zu einer depressiven Grundhaltung, ist öfter müde und ihm fehlt die nötigen Konzentration.

Besonders fatal ist es, sich beim Konsum von Pornographie selbstzubefriedigen, da die virtuelle Welt der Pornographie mit der eigenen Sexualität verknüpft wird. Das Gehirn wird auf die Scheinwelt hin konditioniert, dadurch wird die Beziehungsfähigkeit in der realen Welt zerstört und obendrein wird häufig die Potenz des Betroffenen beeinträchtigt.

Pornographie hat das gleiche Suchtpotential wie Kokain.

Nicht nur wissenschaftliche Studien belegen die Auswirkung von Pornographie. Ich habe ihren zerstörerischen Einfluss am eigenen Leib erfahren. Was ich in den Jahren meiner Sucht durchgemacht habe, wünsche ich niemandem. Mehr dazu im hinteren Teil des Buches. Fälschlicherweise denken viele, sie seien die einzigen, die mit diesem Problem zu kämpfen haben. Gerade die Scham und Einsamkeit hält sie in der Pornofalle gefangen. Wer die Scham durchbricht, darf Hoffnung auf ein Ende der Sucht hegen.

---

[1] Zu diesem Ergebnis kam eine Studie von Dr. med. Samuel Pfeifer; nachzulesen auf http://www.nacktetatsachen.at

[2] Dies ist das Ergebnis einer Studie des Max-Planck-Instituts für Bildungsforschung und der Psychiatrischen Universitätsklinik der Charité im St. Hedwig-Krankenhaus; dabei wurde erforscht, wie sich häufiger Konsum von Pornographie auf das menschliche Gehirn auswirkt. Je mehr sich die Probanden mit Pornografie beschäftigten, desto stärker war die Auswirkung im Gehirn zu erkennen; nachzulesen unter: https://www.mpib-berlin.mpg.de/de/presse/2014/06/wer-viele-pornos-schaut-hat-ein-kleineres-belohnungssystem

Auswege aus der Pornosucht

Warum wenden sich Männer überhaupt der Pornographie zu? Weil sie einen Sexualtrieb haben? Klar, ohne ihn gäbe es keine Pornographie; aber da gibt es noch einen tiefer liegenden Grund. Gott hat uns als soziale Wesen geschaffen. Pornographie ist das Ausleben des Sexualtriebs außerhalb eines sozialen Umfelds. Man stellt sich vor, dass die Frau aus der virtuellen Welt Bock auf mich hat. Eigentlich weiß man, dass man sich etwas vorgaukelt. Es ist eine Scheinwelt und ein Eingeständnis der eigenen Unfähigkeit für eine echte Beziehung. Man sucht falschen Trost für einen empfundenen Mangel. Während sich eine echte sexuelle Beziehung beziehungsfördernd auswirkt, dreht man sich bei der Pornographie um sich selbst und vereinsamt innerlich. Pornographie lässt sich deshalb schwer direkt bekämpfen; man muss bei der Ursache ansetzen. Wie kann der empfundene Liebesmangel kompensiert werden? Nur der himmlische Vater kann dieses innere Loch ausfüllen. Gottes Liebe ist real erfahrbar und ist bedingungslos. In Lukas 15 lesen wir vom verlorenen Sohn. Der war losgezogen, um die Freiheit zu genießen. Hemmungslos genoss er das Leben, bis er äußerlich und innerlich verarmt als Schweinehirte arbeiten musste. Da besann er sich und traf die Entscheidung heimzukehren. Er machte sich auf den Weg und schaffte es nicht mal bis zur Haustüre. Der Vater hatte nach ihm Ausschau gehalten, rannte dem Sohn entgegen und schloss den stinkenden und verdreckten Jungen mit zerlumpten Kleidern in die Arme. So ist Gott. Auch bei mir schaute er über die Tatsache hinweg, wie zerbrochen und besudelt ich war; er nahm mich einfach so an, wie ich war. Diese Liebe hat mein Leben umgekrempelt; ohne sie wäre ich heute ein kaputter, verbitterter und einsamer Mann.

Falls du ein Problem mit sexueller Lust hast, oder wenn du auch mit Pornographie kämpfst, möchte ich dir versichern: Du kannst diesem vermeintlichen Riesen den Kampf ansagen! Wahrscheinlich hörst du, wie er dich verhöhnt, weil du schon so oft versucht hast von ihm loszukommen, aber immer wieder gescheitert bist. Ich kenne den Jojo-Effekt: Wenn ich es mal eine Woche geschafft hatte, mich der Pornographie zu entziehen, landete ich danach wieder auf der Schnauze und fühlte mich noch mehr als Versager. Aber ich bin wieder aufgestanden, habe weitergekämpft und habe am Ende das Feld als Sieger verlassen. In Samuel 15 wird Goliath beschrieben, wie er Gott und die Armee Israels verspottete. Die Israeliten waren vor Angst erstarrt; doch dann erschien David auf der Bildfläche. Kurz zuvor war er zum König gesalbt worden. Er wusste: Gott hat noch etwas mit mir vor, also kann ich heute gar nicht sterben. Mit einer Steinschleuder bewaffnet und im spärlichen Hirtenrock gekleidet lief er dem bis an die Zähne bewaffneten Riesen entgegen. Der traute seinen Augen nicht und fing an, den vermeintlich mickrigen Bubi zu verhöhnen. Doch David wusste: Gott ist auf meiner Seite; und mit dieser inneren Sicherheit besiegte er den Riesen. Was hat die Geschichte mit dir zu tun? Wenn du ein Kind Gottes bist, hast du eine neue Identität; du bist ein Prinz; königliches Blut fließt in deinen Adern; du hast eine Bestimmung; mit Gott auf deiner Seite bist du immer in der Überzahl, egal wie sehr sich dein Gegner aufplustert. Wenn du nicht aufgibst, wirst du diesen Kampf gewinnen, egal wie lange er dauern wird. Ich weiß, wovon ich spreche, obwohl ich eigentlich kein willensstarker Mann bin. Auf mich selber angewiesen hätte ich es nie geschafft, aber Gott gab mir die Kraft.

Wir hatten ja schon beschrieben, wie Adam und Eva nach dem Sündenfall merkten, dass sie nackt waren. Um ihre Scham zuzudecken, hatten sie sich Feigenblätter umgebunden; doch abgeschnittene Feigenblätter verwelken; sie bieten keinen ausreichenden und langfristigen Schutz. Aber Gott schlachtete Tiere und kleidete die ersten Menschen in deren Felle (s. 1. Mose 3,21). Das erste Blut, das auf dieser Erde vergossen wurde, ist eine Vorschau auf das ultimative Opfer Jesu. Deshalb konnte Jesaja vorausschauend voller Begeisterung sagen:

> **Wenn du ein Kind Gottes bist, hast Du eine neue Identität**

Jesaja 61,10a
*Ich freue mich im HERRN, und meine Seele ist fröhlich in meinem Gott; denn er hat mir die **Kleider der Errettung** angezogen und mich mit dem Mantel der Gerechtigkeit gekleidet. (Eigene Übersetzung)*

Das hebräische Wort für Errettung bedeutet auch Befreiung, Schutz und Erfolg. Adam und Eva mussten ihre Feigenblätter ablegen, damit Gott sie neu einkleiden konnte. Damit drückte Gott aus: „Ich lasse die Menschen nicht in ihrem erbärmlichen Zustand; ich bekleide sie mit einer neuen Identität." Durch Jesu Tod sind wir errettet, unsere Schuld ist weggenommen, und wir werden von allem befreit, was uns zerstören will. Ich werde später noch beschreiben, welche konkreten Schritte ich unternommen habe, um die Feigenblätter abzulegen, damit Gott mich von meiner Sucht befreien und mich mit dieser neuen Identität in Jesus bekleiden konnte.

Der Unterschied zwischen Versuchung und Sünde
Jakobus 1,12-15

Glücklich ist, wer die Bewährungsproben besteht und im Glauben festbleibt. Gott wird ihn mit dem Siegeskranz, dem ewigen Leben, krönen. Das hat er allen versprochen, die ihn lieben. Niemand, der in Versuchung gerät, kann behaupten: „Diese Versuchung kommt von Gott." Denn Gott kann nicht vom Bösen verführt werden, und er verführt auch niemanden zum Bösen. Es sind vielmehr unsere eigenen selbstsüchtigen Wünsche, die uns immer wieder zum Bösen verlocken. **Geben wir ihnen nach**, *dann haben wir das Böse empfangen und bringen die Sünde zur Welt. Sie aber führt unweigerlich zum Tod. (HFA)*

Gott ist gut; er versucht niemanden; aber unsere selbstsüchtigen Wünsche können uns zum Fallstrick werden. Wir sündigen nicht aus dem Blauen heraus, ein schleichender Prozess ist vorausgegangen.

Wahrscheinlich ist es dir auch schon passiert, dass du plötzlich einen dreckigen Gedanken gehabt hast; du fragst dich, wie du so was nur denken konntest, und schämst dich. Ich will dich entlasten: es geht allen so, und allein ein plötzlicher schmutziger Gedanke ist noch kein Grund sich schuldig zu fühlen. Martin Luther soll gesagt haben: „Wie man nicht wehren kann, dass einem die Vögel über den Kopf herfliegen, aber wohl, dass sie auf dem Kopfe nisten, so kann man auch bösen Gedanken nicht wehren, aber wohl, dass sie in uns einwurzeln."

Wir sind Männer – da ist es ganz normal, dass sexuell erregende Gedanken in unserem Kopf herumschwirren wollen. Die Frage ist nur: „Wie gehen wir damit um? Kontrollieren wir unseren Sexualtrieb oder kontrolliert er uns?" Erst wenn wir den obszönen Gedankenfilm bewusst weiterlaufen lassen, haben wir den ersten Schritt in die Richtung des glitschigen Abhangs gemacht. Wenn uns also die Begierde zu überwältigen droht, schalten wir auf einen anderen Gedankenkanal um. Die sexuelle Verlockung ist sehr stark, die Hormone im Körper spielen verrückt, man bekommt einen „Steifen", und in dem Moment fühlen wir uns zu schwach dieser Versuchung zu widerstehen. Wenn wir aber unter dem Druck nicht einknicken, kommen nach wenigen Minuten die Hormone wieder ins Lot und der „kleine Mann" schlafft wieder ab. Wir haben der Versuchung widerstanden und das Leben geht weiter.

Wir dürfen uns in diesem Punkt Hiobs Kompromisslosigkeit zum Vorbild nehmen:

Hiob 31,1
Mit meinen Augen schloss ich den Vertrag, niemals ein Mädchen lüstern anzusehen. (GNB)

Eine tragische Geschichte

Amnon war König Davids Erstgeborener und der Kronprinz. Er war unsterblich in seine Halbschwester Tamar verliebt. Auf den Rat eines schlechten Freundes hin stellte er sich krank und ließ Tamar rufen. In seinem unbändigen Verlangen packte er sie, um mit ihr zu schlafen. Tamars Reaktion ist erstaunlich:

2. Samuel 13,12-13
„Nein, Amnon, zwing mich nicht zu so etwas. Das ist in Israel doch verboten. Ein solches Verbrechen darfst du nicht begehen! Was soll dann aus mir werden? Denk doch, welche Schande das für mich wäre! Und du würdest in ganz Israel als gewissenloser Kerl

dastehen. Warum redest du nicht mit dem König? Bestimmt erlaubt er dir, mich zu heiraten." (HFA)

Damals war Halbgeschwistern erlaubt zu heiraten; Tamar war nicht abgeneigt; doch Amnon wollte nicht warten, sondern die sofortige Befriedigung seiner Begierde und vergewaltigte Tamar. Aber dann schlug seine große Liebe in glühenden Hass um. Ja, er hasste Tamar nun mehr, als er sie vorher geliebt hatte. (V. 15, HFA).

So brennend das Verlangen Amnons nach der hübschen Tamar war, so groß war seine Enttäuschung nach dem perfiden Geschlechtsakt. Warum? Sex ist eine beidseitige Sache; sie kann nicht erfüllend sein, wenn das Gegenüber nur als Objekt der Erfüllung der eigenen Begierde dient. In wenigen Minuten hatte Amnon Tamars Leben völlig zerstört. Mit dem Verlust ihrer Jungfräulichkeit war sie eine entehrte Frau, die keine Perspektive mehr auf Heirat hatte. Als einsame und gebrochene Frau lebte sie von da an bei ihrem Bruder Absalom. Dieser nahm zwei Jahre später Rache und ermordete Amnon. Am Schluss hatten alle Parteien verloren und die Königsfamilie war zerrüttet. Was hatte zu dieser Tragik geführt? Amnon hatte sich in Tamar verliebt; das ist normal; hübsche Mädels bringen den männlichen Hormonhaushalt durcheinander. Diese magnetische Wirkung hat Gott in die Geschlechter gelegt. Wer verliebt ist, ist quasi „beschwippst". In diesem Zustand sollte man keine Entscheidungen mit weitreichenden Konsequenzen fällen!

Amnon hatte den Ausschaltknopf seines Kopfkinos nicht gefunden und seine Emotionen immer weiter aufgeheizt, bis er sein Ziel ungehemmt und ohne Rücksicht auf Verluste verfolgte. Was wäre passiert, wenn Amnon beim ersten Anflug des Verliebtseins richtig reagiert hätte?

3. Partnerschaft

Wahrscheinlich wäre es für ihn gut gewesen, Tamar für eine Zeit so weit wie möglich zu meiden, um seine Gefühle abkühlen zu lassen. Dann wäre er fähig gewesen, zu erkennen, ob es sich nur um einen Anflug von Emotionen handelte, oder ob tatsächlich ein tieferer Wunsch in ihn gelegt war, das Leben mit Tamar zu teilen. Möglicherweise wäre Tamar seine Frau geworden und die beiden hätten die echte Liebe miteinander genießen können.

3. Partnerschaft

Vorbereitung im Vorfeld

Bevor wir über Partnerschaft reden, möchte ich dich fragen, wie die Beziehung zu deinen Eltern aussieht. Vielleicht denkst du jetzt: „Wie bitte? Was haben denn meine Eltern damit zu tun? Schließlich fange ich einen neuen Lebensabschnitt an. In meiner Ursprungsfamilie hält man es ja nicht länger aus. Eine Freundschaft mit einem netten Mädel hilft mir doch gerade, diesem Stress zu entfliehen!"

Die traurige Wahrheit ist: deine Probleme werden dich einholen. So viele Pärchen haben im Überschwang ihrer Emotionen gesagt: „Wir werden es anders machen, wir kriegen das hin!" Doch wie sieht ihre Beziehung nach ein paar Jahren aus? Die Beziehungsprobleme der Vergangenheit holen sie ein. Die Bibel zeigt uns ein wichtiges Lebensprinzip:

> 5. Mose 5,16
>
> *Du sollst deinen Vater und deine Mutter ehren. So hat der HERR, dein Gott, es dir befohlen; und wenn du das tust, wirst du lange leben und es wird dir gut gehen in dem Land, das der HERR, dein Gott, dir gibt. (GNB)*

Dieser Vers ist das fünfte der Zehn Gebote. Es ist das erste Gebot mit einem Versprechen – und dazu mit einem sehr bedeutungsvollen: Das hebräische Wort im Original für „gut gehen" beinhaltet „Glücklichsein" und „Wohlstand". Wenn wir unsere Eltern ehren, verspricht uns Gott ein langes, glückliches und erfolgreiches Leben! Unsere Herzenshaltung den Eltern gegenüber hat einen direkten Einfluss auf unsere Lebensqualität. Offensichtlich misst Gott unserer Beziehung zu den Eltern höchste Priorität zu.

Auch wenn wir im Laufe unserer Kindheit und Jugend immer selbständiger werden und vermehrt Entscheidungen selber treffen, sollen wir weiterhin unsere Eltern ehren. Was bedeutet das? Wir haben eine positive Grundeinstellung ihnen gegenüber, die von Respekt geprägt ist. Mose hatte die Zehn Gebote auf zwei Tafeln erhalten. Man kann annehmen, dass auf jeder Tafel fünf Gebote standen; bei der ersten Tafel ging es um unsere Beziehung zu Gott und bei der zweiten um unsere Beziehung mit den Mitmenschen. Demzufolge befände sich das fünfte Gebot auf der ersten Tafel, und die Eltern zu ehren, hat mit unserer Beziehung mit Gott zu tun! Weshalb ist die Beziehung zu den Eltern eine Reflexion unserer Beziehung zu Gott? Neben Gott sind unsere Eltern die Quelle unsres Lebens und verantwortlich für unser geistliches, seelisches und körperliches Wohl. Als wir geboren wurden, waren wir völlig von unsren Eltern abhängig und konnten nichts von uns aus tun.

Wenn wir unsere Eltern ehren, verspricht uns Gott ein langes, glückliches und erfolgreiches Leben!

Der Reifeprozess geht bei Tieren viel schneller als beim Menschen: Ein neugeborenes Fohlen kann nach wenigen Minuten auf eigenen Beinen stehen, und viele Tiere sind schon innerhalb weniger Monate nach der Geburt geschlechtsreif. Wir dagegen lernen nur langsam zu sprechen und eigenständig zu laufen und brauchen viele Jahre, um erwachsen zu werden. Viele Jahre gehen ins Land, bis wir unseren eigenen Lebensunterhalt verdienen und eine eigene Familie gründen können. Wenn du dein T-Shirt hochziehst, siehst du den Beweis, dass du nicht vom Himmel gefallen bist: Dein Bauchnabel ruft dir in Erinnerung, dass dein Leben aus der Abhängigkeit zu deiner Mutter entstanden ist. Deine Eltern sind die Wurzeln deines Lebens. Kein Baum steht lose in der Landschaft rum; er muss im Boden verwurzelt sein, sonst fällt er um. Ja, deine Eltern haben Fehler gemacht in der Erziehung; und trotzdem liegt die Entscheidung bei dir, mit welcher Grundhaltung du ihnen begegnest. Vielleicht ist es an der Zeit, von ihren Schwächen wegzusehen, ihnen zu vergeben und eine Liste zu erstellen mit all den guten Dingen, die sie in dein Leben gelegt haben, und all den Opfern, die sie gebracht haben, als sie dich großzogen.

Wenn du eine Partnerschaft mit einer jungen Frau eingehst, wirst du neues Land betreten, doch der obige Vers macht deutlich, dass sich an der Frage, wie deine Grundhaltung deinen Eltern gegenüber ist, entscheidet, ob es dir in diesem neuen Land gut gehen wird oder nicht.

Verletzte Menschen verletzten andere, aus Opfern werden Täter. Gerade Kinder aus kaputten Familien entwickeln selber die gleichen zerstörerischen Beziehungsmuster, für die sie ihre Eltern gehasst haben. Wir können die Vergangenheit nicht verändern, aber wir haben die Möglichkeit, sie ans Kreuz Jesu zu bringen, zu vergeben und Heilung zu empfangen, damit diese Vergangenheit nicht unsere Zukunft beeinträchtigt.

Vor meiner Hochzeit bin ich aus Albanien noch mal zu meinen Eltern nach München gezogen. In diesen paar Wochen jobbte ich in einer Zeitarbeitsfirma als Putzkraft. Ich arbeitete mit einem Jungen zusammen, der gerade von seiner Ex-Freundin aus der Wohnung rausgeschmissen worden war. Die Suche nach Arbeit hatte ihn nach München verschlagen; hier lebten seine Eltern, aber er wollte nichts mit ihnen zu tun haben. Offensichtlich war seine Beziehung zu ihnen zerbrochen. Während wir die sanitären Anlagen in Schulen putzten, stierte er einem Mädel hinterher und war auf der Suche nach der nächsten Beziehung. Er war ein entwurzelter Mensch auf der Suche nach Liebe. Offensichtlich gab es einen Zusammenhang zwischen dem gestörten Verhältnis zu den Eltern und seiner Beziehungsunfähigkeit. Wenn er sich mit seinen Eltern versöhnen würde, könnte sein Herz geheilt und die Voraussetzung für eine gesunde Beziehung geschaffen werden.

Aufgrund unseres Sexualtriebs sind wir so angelegt, dass wir eine Partnerin wollen; das ist gut und normal. Doch der Zustand unseres Herzens ist entscheidend, ob die Beziehung eine langfristige Perspektive hat. Wenn wir eine Partnerin brauchen, um den inneren Liebesmangel auszufüllen, sind Probleme und Enttäuschungen nach der Verliebtheitsphase vorprogrammiert. Wenn die Freundin dafür herhalten muss, unseren inneren Wert zu steigern, steht die Beziehung auf einem schiefen Fundament. Deshalb ist es wichtig, in der eigenen Identität zu ruhen, bevor man eine Freundschaft sucht. Wenn nun unsere inneren Motive sauber sind, wollen wir unsere Partnerin glücklich machen und sind bereit, in die Beziehung zu investieren und Opfer zu bringen. So kann die Freundschaft auf einem gesunden Fundament wachsen. Neben der Tatsache, dass eine intakte Beziehung zu unseren Eltern eine gute Ausgangsbasis für eine Freundschaft ist, ist es deshalb wichtig, dass unser Liebestank von der Annahme Gottes gefüllt wird; nur er kann meine innere Sehnsucht langfristig stillen und mich befähigen, Liebe weiterzugeben. Johannes drückt es so aus:

1. Johannes 4,19
´Der tiefste Grund für unsere Zuversicht liegt in Gottes Liebe zu uns: `Wir lieben, weil er uns zuerst geliebt hat. (NGÜ)

Frage einmal Gott, wie er dich sieht! Möglicherweise hältst du dich selber für wenig liebenswert. Das Wunderbare bei Gott ist: Er sieht dich nicht im Ist-Zustand; er schaut über deine Schwächen und Fehler hinweg und sieht die Person, die du werden kannst. Gottes Gedanken über dich werden dein Herz erwärmen und inneren Frieden und Freude in dir hervorrufen. Im Bewusstsein des Geliebt- und Angenommenseins keimt die Hoffnung, dass Veränderung möglich ist.

Nimm ein leeres Blatt und führe einen Dialog mit Gott. Schreibe in die erste Zeile:

Ich: Himmlischer Vater, wie siehst du mich eigentlich?

Daraufhin schreibst du in den folgenden Zeilen seine Antwort (Gott:...).

Wichtig ist, dass du alle Gedanken, die dir kommen, erst einmal aufschreibst, ohne zu überlegen, ob es wirklich die Stimme Gottes ist, ansonsten kommst du ins Stocken. Du kannst später noch filtern, ob dies wirklich Gottes Worte an dich sind. Nachdem du die Aussage des himmlischen Vaters niedergeschrieben hast, kannst du ihm eine weitere Frage stellen und so einen Dialog mit ihm führen. So kann schnell eine DIN-A4-Seite gefüllt werden, und du wirst von Gottes Sicht über dich ermutigt sein.

Wie gehe ich mit dem Verliebtsein um?
In Matthäus 7,24-27 vergleicht Jesus einen Trottel mit einem Typ mit Grips. Beide bauen ein Haus. Der erste kommt schnell voran, weil er gleich loslegt; der zweite

nimmt sich Zeit und gräbt zuerst tief, um ein starkes Fundament zu bauen. Plötzlich geht ein Wolkenbruch nieder und bringt das Haus des Trottels zum Einstürzen, weil es auf Sand gebaut ist, während das andere Haus den Stürmen trotzt und stehen bleibt. Das Haus beschreibt unser Leben, der Wolkenbruch unvorhergesehene Herausforderungen und schwierige Lebenslagen, die jeden Menschen früher oder später treffen. Die Hauptfrage im Leben ist deshalb nicht, wie wir Probleme und Herausforderungen vermeiden können, sondern wie wir unser Lebenshaus so bauen können, dass es unter allen Umständen stabil steht.

Was du heute bist, ist das Ergebnis der unzähligen großen und kleinen Entscheidungen, die du im Leben getroffen hast – und die Partnerwahl ist die zweitwichtigste Lebensentscheidung; die erste ist, Jesus nachzufolgen. Was den Trottel ausgemacht hat, war, dass er überstürzt und kurzsichtig gehandelt hat. Lass dir also Zeit; triff aus einer Gefühlslage heraus keine vorschnellen Entscheidungen, die langfristige Konsequenzen haben. Wenn du etwas Abstand gewonnen hast, wirst du möglicherweise merken, dass die Basis für ein gemeinsames Leben zu dünn ist; vielleicht wird sich aber auch mit der Zeit bestätigen, dass mehr hinter dem Verliebtsein steckt und sich eine tragende Beziehung anbahnt. Du wirst immer gewinnen, wenn du dir Zeit nimmst und das Fundament einer Beziehung überprüfst, bevor du dein Lebenshaus darauf baust. Die Sonnenscheinzeit der Verliebtheitsphase wird vorüber-

> **Du wirst immer gewinnen, wenn du dir Zeit nimmst und das Fundament einer Beziehung überprüfst, bevor du dein Lebenshaus darauf baust.**

gehen und die Wolkenbrüche von Herausforderungen, Missverständnissen und Enttäuschungen werden früher oder später offenbaren, auf welchem Fundament die Beziehung gebaut ist.

Ab dem Zeitpunkt, als ich mich in Monika verliebt hatte, bis zu dem Zeitpunkt hin, an dem wir miteinander gingen, vergingen drei Jahre! Ja, ich bin ein etwas langsamer Typ, bei dir muss es wirklich nicht so lange dauern. Und trotzdem bin ich Gott für diese Zwischenzeit dankbar, in der sich bestätigte, dass wir beide zusammengehören und in der meine Beziehungsfähigkeit auf festen Boden gestellt wurde.

Warum heiraten?

Hebräer 13,4
Beschützt die Ehe als etwas Besonderes, macht nicht mit anderen rum, sondern bleibt euch treu. Gott wird denen, die sexmäßig unsauber leben und ihre Ehe zerstören, auf sicher die Rechnung präsentieren. (VOLX)

Gott stellt einen hohen Standard an Sexualität und Ehe. Mit heiligem Eifer beschützt er die Ehe in dem Wissen, wie viel Zerstörung aus den Fugen geratene Sexualität mit sich bringt. Die Motivation hinter seinen Gedanken, Plänen und Vorschriften ist Liebe für uns; er ist die Liebe in Person (s. 1. Johannes 4,8). Voller Leidenschaft kämpft er gegen alles, was uns in Gefahr bringen und uns schaden könnte.

Allgemeine Freundschaften sind oft zeitlich begrenzt. Aber die Ehebeziehung hat einen anderen Charakter; es ist eine Bundesbeziehung, die durch dick und dünn tragen soll. Deshalb soll ein Mann sich erst von seinem Elternhaus trennen. Die emotionale Trennung gelingt erst dann, wenn er mit seinen Eltern im Frieden ist. Hegt er Groll, bleibt er wie mit einem Gummiband emotional an sie gebunden, selbst wenn er nicht mehr zuhause wohnt. Wenn aber die Beziehung zu den Eltern geklärt ist, kann ein neuer Lebensabschnitt beginnen. Das Eins-Werden mit seiner Frau bildet die Grundlage für die neue Familie. Dies ist das Gegenstück zur gängigen Praxis, als Schüler noch zuhause zu wohnen und manchmal bei der Freundin zu übernachten. Sex ist mehr als ein Rendezvous. Es ist der Klebstoff einer Lebensgemeinschaft.

Viele heiraten nicht, weil sie den möglichen Stress einer Scheidung vermeiden wollen. Ja es ist wahr, die Scheidungsrate ist hoch, zu hoch. Mit dem Heiraten sind nicht alle Probleme gelöst. (Ich bin überzeugt, dass unter denjenigen, die die mit Sex bis zur Hochzeit warten, die Scheidungsrate wesentlich geringer ist, auch wenn es dazu keine Statistiken gibt).

Es wäre ein Trugschluss zu denken, dass man sicherheitshalber nicht heiraten sollte. Wenn wir uns ein Hintertürchen offen lassen, die Beziehung zu beenden, wenn Probleme auftreten, dann haben wir schon eine Entscheidung getroffen. Die Probleme werden kommen und das Hintertürchen wird in aller Regel zum Leck, das den Untergang des Beziehungsschiffs herbeiführen wird.

Vielleicht magst du dich fragen: Aber wenn zwei sich wirklich lieben, wieso sollten sie nicht miteinander schlafen dürfen. Sie können ja später noch heiraten?

Stell dir vor, du willst ein Haus bauen und der Bauherr sagt dir: Wir legen mal mit dem Bauen los und schauen wie es läuft, und wenn das Haus fertig ist, rechnen wir ab, was das Ganze kostet. Würdest du diesem Bauherrn trauen, dein Haus ohne jeglichen Plan und Vertrag zu bauen? Wenn schon die Rahmenbedingungen eines Hausbaus klar abgesteckt werden müssen, wie viel wichtiger ist das bei einer Bundesbeziehung, die ein Leben lang halten soll? Es ist hilfreich, einander ganz natürlich kennenzulernen und zu entscheiden, ob man sein Leben miteinander teilen will. Wenn man aber schon miteinander Sex hatte, kann man gar keine nüchterne Entscheidung mehr treffen. Man hat sich schon so eng miteinander verbunden, ohne dass die Beziehung ein tragendes Fundament hat.

In Israel war eine Verlobung ein festes Versprechen einander zu heiraten. Eine Verlobung aufzulösen kam einer Trennung gleich; und trotzdem war es klar geregelt, dass die Verlobten nicht zusammen lebten. Als Joseph erfuhr, dass seine Verlobte Maria schwanger war, dachte er nicht: „Uups, das war ein Unfall." Nein, er wusste, dass dieses Kind nicht von ihm kommen konnte, weil er noch nicht mit Maria geschlafen hatte. Als wahrer Israelit hatte er Gottes Standard von Ehe und Sexualität verinnerlicht.

Ich habe eine erfüllte Ehe. Bevor ich mit meiner Frau zusammenlebte, haben wir uns das Eheversprechen gegeben, dass wir zueinander halten werden, egal was kommen wird. Dabei haben wir ganz bewusst Gott als Dritten im Bunde eingeladen, weil *ein Seil aus drei Schnüren nicht so schnell reißt (Prediger 4,12)*. Ich bezweifle, dass ich heute noch mit meiner Frau zusammen wäre, wenn wir unsere Ehe nicht auf diesem Fundament aufgebaut hätten. So hat uns Gott aber geholfen, konstruktiv mit Konflikten umzugehen, so dass unsere Beziehung nach 15 Ehejahren stärker ist als je zuvor.

Wenn du mehr darüber erfahren willst, wie wichtig es ist,

jungfräulich in die Ehe zu starten, empfehle ich dir das ansprechend geschriebene Buch: „MORAL REVOLUTION: Die nackte Wahrheit über sexuelle Reinheit" von Kris und Jason Vallotton, erschienen im Grain Press Verlag.

Kleine Hilfestellungen, um herauszufinden, ob man die Frau fürs Leben gefunden hat

Die folgende Wahrheit klingt paradox: wenn eine Beziehung nur wegen der romantischen Gefühle existiert, wird die Romantik vom Alltag ertränkt werden. Wenn die Beziehung aber besteht, weil man ein gemeinsames Lebensziel verfolgt, kann die Romantik auch nach vielen Jahren immer wieder neu entfacht werden. Natürlich habe ich meine Frau geheiratet, um eine Familie mit ihr zu gründen. Wir sind eine ganz normale Familie, immer wieder gibt es Reibereien und Stress; trotzdem habe ich die Zuversicht, dass unsere Kinder in einer kalten Welt im familiären Schutzraum von Annahme und Geborgenheit zu gesunden Menschen heranwachsen. Es gibt aber noch einen tieferen Grund, warum ich zusammen mit meiner Frau durchs Leben gehe: Gemeinsam wollen wir viele Menschen mit der Liebe und Gegenwart Gottes in Berührung bringen. Wir ergänzen uns und können diese gemeinsame Vision zusammen verfolgen; das schweißt unsere Beziehung zusammen. So kann es hilfreich sein, sich und die potenzielle Partnerin zu fragen, welches Lebensziel jeder verfolgt, und ob diese miteinander kompatibel sind.

In 1. Petrus 3,7 wird das gemeinsame Gebet von Paaren erwähnt. Dies ist eine sehr wichtige Komponente einer Ehe, weil so Raum für Gottes Segen in der Familie geschaffen wird. Wenn nun das Gebet eine wichtige Funktion in einer Ehe darstellt, macht es durchaus Sinn, gemeinsam in der Freundschaftsphase zu beten; so wird deutlich, ob man eine geistliche Grundlage für das gemeinsame Leben hat.

Es ist grundsätzlich nicht verkehrt, in der Freundschaftsphase miteinander zu streiten. Dabei zeigt sich, wie die Partner mit Meinungsverschiedenheiten umgehen. Falls Verletzungen zurückbleiben oder ein Partner immer seine Ansicht durchboxt, ist dies keine gute Ausgangsposition für eine anhaltende Beziehung. Konstruktiv gelöste Konflikte hingegen bringen die Partner näher zusammen. In der Ehe wird es genug Stoff für Konflikte geben, und deshalb kann der Umgang damit in der Freundschaftsphase einen Hinweis dafür liefern, wie gut man zueinander passt.

Bekannte von mir wirkten wie ein ideales Pärchen; beide waren unternehmungslustig, und so konnten sie ihre Freizeit immer wieder interessant zusammen gestalten. Aber sie konnten die aufkommenden Konflikte nicht konstruktiv miteinander lösen. Die Spannung zwischen ihnen wurde immer größer. Schließlich ging die Beziehung auseinander. Das Fundament für ein gemeinsames Leben hätte dem Druck des Eheelltags wahrscheinlich nicht standgehalten.

Es ist ein Trugschluss zu glauben, dass sich die Probleme automatisch im Laufe der Zeit lösen. Falls eine Beziehung in Schieflage ist, bereitet man sich und der Freundin viel Herzschmerz, wenn man die Beziehung künstlich in die Länge zieht. Auch ist es wichtig, dass sich beide Partner darüber austauschen, auf welchem Niveau sie die Beziehung jeweils einordnen. Schon oft war der eine überzeugt, den Partner fürs Leben gefunden zu haben, während sich der andere dessen überhaupt nicht sicher war. Wenn es da keine klare Kommunikation gibt, werden Missverständnisse und Enttäuschungen hervorgerufen. Es ist nicht hilfreich, körperlichen Kontakt zu pflegen und viel Zeit zu zweit zu verbringen, wenn sich ein Partner unschlüssig ist, ob er überhaupt eine langfristige Perspektive für diese Beziehung sieht.

Ein Bekannter erzählte mir mal von einer früheren Beziehung. Einerseits waren sie verliebt, andererseits hatten sie ständig Stress miteinander. Eine Hass-Liebe kann keine Grundlage für eine Ehe sein. Die Beziehung ging auseinander, und nach einiger Zeit befreundete er sich mit der Frau, die er später heiratete. Diese Beziehung hatte eine andere Ausgangslage, es war Friede in der Beziehung. Er sagte mir, selbst wenn er sich von seiner neuen Freundin verabschiedete, weil sie sich eine Zeit lang nicht sahen, war sein Herz mit Freude angefüllt; Bei der ersten Beziehung bestand nur eine seelische Bindung, während die zweite Beziehung auf einem geistlichen Fundament aufgebaut war. Es ist hilfreich, sich in der Freundschaftszeit zu fragen: „Ist die Grundlage unserer Beziehung stark genug für eine Ehe und die Gründung einer Familie? Bewirkt die Beziehung, dass beide Partner aufblühen können?" Und die allerwichtigste Frage: „Fördert diese romantische Freundschaft meine Beziehung mit Gott?" Gerade weil die Zeit des Verliebtseins eine sehr emotionale Zeit ist, ist es wichtig, diese Fragen ehrlich zu beantworten.

Der amerikanische Pastor Bill Johnson gab seinem zukünftigen Schwiegersohn eine Bedingung für die Beziehung mit seiner Tochter: „Versprich mir, dass du Jesus immer mehr lieben wirst als meine Tochter!" Er wusste, dass diese Aufforderung letztlich seiner Tochter zugute kommen würde, denn nur so konnte diese romantische Beziehung auf einem gesunden Fundament aufgebaut werden.

Wenn beide Partner Frieden über den gemeinsamen Weg empfinden, ist es ratsam, dass sie nicht viele Jahre verstreichen lassen bis sie heiraten und eine Familie gründen. In unserer Kultur gibt es ein hohes Sicherheitsdenken: Erst Karriere und dann Kinder. Wir dürfen aber der Familie eine höhere Priorität als wirtschaftlichen Gesichtspunkten einräumen in dem Wissen, dass unser Vater im Himmel ein lebensbejahender Gott und guter Versorger seiner Kinder ist. Diese Einstellung wird sich letztlich auch positiv auf unser Land auswirken, wenn Kinder in gesunden Familien aufwachsen.

4. Begierde und Pornographie in meinem Leben

4. Begierde und Pornographie in meinem Leben

Verirrt und gefangen (Fortsetzung des Prologs)

An jenem Märztag 1997 verließ ich Albanien, das „Armenhaus Europas", das in Krieg und Chaos zu versinken drohte. Nachdem ich mit meinem Team den Zoll passiert hatte, betrat ich griechischen Boden. Ich war in einem sicheren EU-Land. Mit dem Bus fuhren wir in die nächstgelegene Stadt Ioannina. Die Geschäfte, Infrastruktur und Menschen waren so anders hier. Es ist schon erstaunlich, dass man mit einen Grenzübertritt in eine völlig andere Welt eintauchen kann.

Wenige Jahre zuvor hatte ich einen nicht minder dramatischen Übergang in neues Land vollzogen. Damals hatte ich keine geographische Grenze überquert. Mein Herz war nach jahrelanger Abhängigkeit von sexueller Sucht in die Freiheit getreten. Ich kann mich noch sehr lebhaft an diesen Moment vor über 20 Jahren erinnern, der mein Leben komplett umgekrempelt hatte. Aber alles der Reihe nach: Wie kam es eigentlich dazu, dass ich auf die schiefe Bahn gelangt bin und im Morast von Pornographie versank?

Eigentlich bin ich in einer behüteten, christlichen Familie aufgewachsen; aber schon in der Grundschule entstand die Unsicherheit, was meine Rolle in der Klassengemeinschaft war. Ich fühlte mich nicht integriert. Im Gymnasium kam ich dann in eine Klasse mit freundlichem Klima, aber die Lüge, ich sei ein Außenseiter, hatte sich schon in meinen Gedanken verwurzelt. Das beeinträchtigte meine Beziehungsfähigkeit und schuf eine unsichtbare Mauer, die andere davon abhielt, eine engere Freundschaft mit mir aufzubauen.

Dann kam die Pubertät. Mein Sexualtrieb erwachte. Mädchen wurden plötzlich interessant; aber ich war ja innerlich gehemmt. Fasziniert beobachtete ich, wie sich Pärchen aus den höheren Klassen in der Pause fest umschlungen küssten. Ich machte erste Erfahrungen mit Selbstbefriedigung. Erst war es ein schönes Gefühl, doch mit der Zeit musste ich meine Gedanken mit obszönen Vorstellungen füttern, um den Level der scheinbaren Befriedigung aufrecht zu erreichen. Bald reichte das nicht mehr und ich fing an, Zeitschriften mit erotischen Bildern zu durchforsten. Eigentlich hatte ich eine sehr vertraute Beziehung mit Gott, doch mein zunehmendes Problem mit der sexuellen Lust warf einen Schatten auf mein geistliches Leben.

Selbstbefriedigung

Die Bibel schweigt zu diesem Thema; also gibt es keine absolute Antwort, ob Selbstbefriedigung an sich Sünde ist. Jeder muss diese Frage für sich selbst beantworten, aber es gibt einige Hilfestellungen:

Zum einen hat Gott uns ein Gewissen gegeben. Schuldgefühle sind ein Zeichen, dass man etwas getan hat, das eigentlich nicht okay ist. Das Gewissen ist ein sehr sensibles geistliches „Organ", das man ausschalten kann (s. 1. Timotheus 4,2). Man kann es übertönen und sich einreden, es sei schon in Ordnung, was man gemacht hat. Bei der Frage, ob etwas richtig oder falsch ist, hilft die Erinnerung: „Was hat mein Gewissen mir gesagt, als ich es zum ersten Mal getan habe?"

Kolosser 3,5a

Tötet daher, was in den verschiedenen Bereichen eures Lebens noch zu dieser Welt gehört: sexuelle Unmoral, Schamlosigkeit, ungezügelte Leidenschaft, böses Verlangen. (NGÜ)

Bei mir hat die Selbstbefriedigung zu einer Abwärtsspirale von Schamlosigkeit, ungezügelter Leidenschaft und bösem Verlangen geführt. Für mich persönlich ist Selbstbefriedigung Sünde.

Grundsätzlich kann man zwischen Ventil-Selbstbefriedigung (gelegentliches Lösen des inneren Drucks) und zwanghafter Selbstbefriedigung unterscheiden. Allerdings besteht in meinen Augen die Gefahr, automatisch vom einen ins andere zu schlittern. Ich halte den Abhang für zu rutschig und gefährlich und würde jedem raten, sich ganz von der Selbstbefriedigung fernzuhalten und sich nicht der Gefahr einer zwanghaften Gewohnheit auszusetzen, die eine zerstörerische Auswirkung auf die eigene Persönlichkeit hat. Zurück zu meiner Geschichte:

Der Tiefpunkt
Mit 15 Jahren fühlte ich Gottes Gegenwart nicht mehr so stark und traf die folgenschwere Entscheidung, die Beziehung mit Gott auf Eis zu legen. Ich ging weiter in die Gemeinde, doch nur um den Schein zu wahren, weiterhin ein Nachfolger Jesu zu sein. In dieser Phase der Orientierungslosigkeit war ich schutzlos. Mitte der 90er Jahre gab es noch kein Internet. Oft vertrieb ich mir die Langeweile vor dem Fernseher. Eines Abends zappte ich durch die Programme und blieb bei einer Erotiksendung hängen. Von da an suchte ich im Fernsehprogramm nach ähnlichen Sendungen und schon bald schaute ich Sexfilme, die immer am Wochenende in den Privatsendern liefen. Ich fühlte mich miserabel und schmutzig dabei. Weil ich mich abgelehnt fühlte, war ich offen für den falschen Trost der Pornographie, der mir eine Scheinwelt vorgaukelte. Ich befand mich in einem Teufelskreis:

Die Einsamkeit führte mich in die Pornographie, die Pornographie bewirkte, dass ich voller Scham und noch beziehungsunfähiger in der wirklichen Welt war, was wiederum bewirkte, dass ich noch mehr vereinsamte...

Ich lebte unter einer unsichtbaren Glocke, innerlich getrennt von der Außenwelt und war nur noch mit mir selber beschäftigt. Mein Blick war so sehr nach innen gerichtet, dass ich die Welt um mich herum nicht mehr richtig wahrnehmen konnte.

Ein Jahr verbrachte ich in diesem Zustand. In meiner Erinnerung ist diese Zeit grau in grau, depressiv und trist. Da gab es nicht einen schönen Tag. Mein bester Freund war mein Bett, welches mir scheinbar half dem Leben zu entfliehen. Jeden Morgen wachte ich mit dem gleichen Gedanken auf: „O nein, ein neuer Tag!" Die Schule war nur eine Last und meine Leistungen fielen rapide ab. Alle paar Wochen schmiss ich mich auf mein Bett, weinte und betete: „Gott, ich will zurück zu dir, ich weiß aber nicht wie!"

Die Vorbereitung auf die Befreiung

Mit 17 nahm ich an einer christlichen Freizeit teil, die einen Neuanfang meiner Beziehung mit Gott markierte. Ich konnte wieder in Kontakt mit dem himmlischen Vater treten. Aber da war weiterhin das Problem mit der Pornographie. An jedem Wochenende fragte ich mich, ob ich es dieses Mal schaffen würde, nachts keine schmutzigen Filme zu schauen. In den meisten Fällen scheiterte ich. Und so befand ich mich auf einer emotionalen Achterbahn; einerseits liebte ich Gott, andererseits war meine sexuelle Zügellosigkeit eine Blockade in meiner Beziehung zu ihm. Und doch erlebte ich, dass er mich bedingungslos annahm, obwohl ich mit meinem Ablehnungsproblem und meiner dreckigen Leidenschaft alles andere als liebenswert war. Ich schwang mich regelmäßig aufs Fahrrad, radelte zum Münchner Westpark, drehte dort meine Runden und erlaubte Gott, mein Herz mit Seiner Liebe zu füllen. Nach und nach merkte ich, dass Er einen Plan mit meinem Leben hat. Langsam füllte Gott meinen inneren Liebestank – schließlich war ja die innere Leere die Ursache meiner Sexsucht gewesen.

Neben dem Empfangen der Liebe Gottes gab es noch einen anderen Aspekt, der mich auf die bevorstehende Befreiung vorbereitete: Ich vertraute mich anderen mit meinem Problem an: Es kostete mich Überwindung, aber es war befreiend. Meine frühere Geheimhaltungsstrategie entsprach den Feigenblättern, mit denen Adam und Eva sich bedeckten. Als ich sie auszog, indem ich anderen von meinem Versagen erzählte, stand ich zunächst entblößt da; aber so gab ich Gott die Möglichkeit, mich neu einzukleiden und mir die Scham und Schuld zu nehmen.

1. Johannes 1,7

Leben wir aber im Licht, so wie Gott im Licht ist, dann haben wir Gemeinschaft miteinander. Und das Blut, das sein Sohn Jesus Christus für uns vergossen hat, befreit uns von aller Schuld. (HFA)

Wer im Licht lebt, hält nichts verborgen; er ist transparent mit seinen Schwächen. In unserer von Adam geerbten Natur wollen wir uns verstecken. Andere sollen nicht entdecken, was wirklich in unserem Herzen vorgeht. Wir befürchten abgelehnt zu werden, wenn sie es wüssten. Doch genau das Gegenteil ist der Fall: wenn wir im Licht leben, haben wir Gemeinschaft miteinander. Dies ist auch meine Erfahrung. Ja, es hat mich etwas gekostet, meine beschämende Schwäche zuzugeben, doch jedes Mal, wenn ich es tat, fühlte ich mich befreiter. Ich durfte ich selber sein und musste nichts vorgaukeln; und mein Bekenntnis bewirkte eine tiefere Herzensbeziehung zur Person, der ich meine Schwäche bekannte. Und je öfter ich meine Schuld bekannte, desto leichter wurde es das nächste Mal. Ich kann mich noch an das Gespräch mit meinem Pastor erinnern.

> **Wer im Licht lebt, hält nichts verborgen; er ist transparent mit seinen Schwächen.**

Am Ende des Gesprächs betete er für mich, dann nahm er mich in den Arm und meinte, er werde in Zukunft immer wieder mal nachfragen, wie es mir mit dem Lustproblem ginge. Leider hat er es nie getan. Insgeheim wartete ich immer darauf, dass er mich fragte, selbst wenn ich ihm hätte gestehen müssen, dass ich es noch nicht überwunden hatte. Ich hatte gemerkt, wie befreiend es ist, keine Maske mehr tragen zu müssen. Gemäß dem obigen Vers ist Leben im Licht gemeinschaftsfördernd, und zugleich erleben wir die befreiende Kraft des Blutes Jesu. Wenn ich meine Sünde bekannte, wurde mein Bewusstsein gestärkt, dass mir vergeben ist. Ich war damit noch nicht sofort von meiner Sucht befreit. Sie war wie ein Oktopus, der mich als seine Beute fest im Griff hatte. Doch jedes Mal, wenn ich mein Versagen anderen bekannte, wurde quasi ein Fangarm dieses Ungeheuers abgeschnitten.

Die Befreiung

Nach dem Abitur ging ich nach England, um eine Jüngerschaftsschule bei dem Missionswerk „Jugend mit einer Mission" zu machen. In diesem geschützten Rahmen hatte ich glücklicherweise keinen Zugang zu pornographischem Material. Doch nur zwei Wochen nach meiner Heimkehr saß ich wieder vor dem Fernseher, obwohl ich mir so fest vorgenommen hatte, „clean" zu bleiben. Offensichtlich hatte eine dunkle Macht immer noch Zugriff auf meine Seele. Ein halbes Jahr später ging ich abermals nach England, dieses Mal als Mitarbeiter einer Jüngerschaftsschule. Jede Woche kam ein anderer Gastredner und lehrte jeweils über einen zentralen Aspekt der Nachfolge Jesu. In einer Woche ging es um Befreiung von dämonischer Belastung. Von der Bibel her wurde das Thema in Lehreinheiten beleuchtet und dann wurde für Befreiung gebetet. An einem Abend betete der Lehrer von seinem Rednerpult aus für Befreiung von verschiedenartigen Belastungen; dabei erwähnte er auch dämonischen Einfluss aufgrund von falschen sexuellen Beziehungen. Mein erster Gedanke war: „Das betrifft mich nicht." Doch dann spürte ich: „Dieses Gebet ist für mich, weil ich durch den Konsum von pornographischem Material quasi sexuelle Beziehungen eingegangen bin." Sobald ich dies in meinem Herzen bejahte und somit das gerade gesprochene Gebet persönlich in Anspruch nahm, spürte ich einen Druck in meinem Bauch, der in den Brustkorb stieg und den ich dann aus dem Mund ausstieß. Diese Erfahrung war völlig geräuschlos und doch konkret physisch spürbar. Offensichtlich hatte mich hier eine dämonische Macht verlassen. Nach der Jüngerschaftsschule ging ich wieder nach Hause mit der bangen Frage: „Werde ich es dieses Mal schaffen, mich dem „Angebot" der Pornographie im Fernsehen ganz zu entziehen und frei von dieser Sucht zu bleiben?"

Die Versuchung war groß, und manchmal fühlte ich mich sehr schwach. Doch Gottes Gnade trug mich durch diese herausfordernde Zeit, und ich musste nicht mehr in das zerstörerische Verhaltensmuster zurückfallen. Warum hatte mir Gott die so dringend benötigte Befreiung nicht schon früher geschenkt? Offensichtlich musste der Leidensdruck in mir noch wachsen, wirklich frei sein zu wollen; auch musste erst mein Herz auf die Befreiung vorbereitet werden. Jesus sagte dazu einmal treffend:

Matthäus 12,43-45

Wenn ein Dämon ausgetrieben wird, irrt er in öden Gegenden umher auf der Suche nach einem neuen Opfer. Findet er keins, entschließt er sich: ‚Ich will dorthin zurückkehren, woher ich gekommen bin.' Wenn er zurückkommt und seine frühere Wohnung sauber und geschmückt, aber leer vorfindet, dann sucht er sich sieben andere Geister, die noch schlimmer sind als er selbst. Zusammen ergreifen sie Besitz von dem Menschen, der nun schlimmer dran ist als vorher. Genauso wird es auch diesem gottlosen Volk ergehen." (HFA)

Über Jahre hatte Gott die Leere meines Herzens mit seiner Liebe gefüllt; erst dann konnte ich von der Macht der Sucht befreit werden. Als diese dann versuchte, wieder Einlass in mein Leben zu erhalten, konnte ich ihr nun widerstehen, da der innere Mangel gefüllt war und ich in Gottes Liebe verwurzelt war.

Hier noch mal zusammenfassend die Komponenten die zu meiner Befreiung führten:

1. Regelmäßige Zeiten in Gottes Gegenwart, in denen ich Gottes Annahme erlebte und mit seiner Liebe erfüllt wurde: Die Ursache der Sucht wurde angegangen.

2. Bekenntnis meines Versagens anderen gegenüber: Die dunkle Macht verlor mehr und mehr Einfluss.

3. Befreiungsgebet: Ich wurde von der dunklen Macht der sexuellen Lust endgültig losgelöst.

Die Heilung meines Herzens

In den ersten Monaten nach der Befreiung war ich innerlich noch nicht gefestigt. Es war ein anstrengender und zugleich lohnender Kampf, den wiederkehrenden Versuchungen zu widerstehen. Einige Monate nach der Befreiung schloss ich mich einem Missionsteam nach Albanien an. In diesem Zusammenhang war ich immer wieder im Nachbarland Griechenland. Eines Tages lief ich durch Athen. Die Stadt war voller erotischer Plakatwände. In mir tobte ein innerer Kampf, bei all den aufreizenden Bildern meine Gedanken rein zu halten. Er zermürbte mich förmlich. Am Abend ging ich in einen Gottesdienst, in dem persönliches Gebet angeboten wurde. Ich nahm das Angebot dankend an, und während ein australischer Missionar für mich betete, fiel die ganze Last des Tages von mir ab und ich wurde mit dem Heiligen Geist und Freude erfüllt. Am nächsten Morgen schlenderte ich wieder durch Athen. Die aufreizenden Werbetafeln juckten mich nicht mehr, weil mein Herz wie verändert war. Dies war mir eine Lehre: auf mich alleine gestellt fühle ich mich hilflos gegen die übermächtige Verführung; aber der Heilige Geist ist der Beistand, der mich mit göttlicher Energie ausrüstet, damit ich in diesem inneren Kampf die Oberhand behalte.

Im Laufe der Zeit wurde mein Charakter gefestigter. Die Verlockung, mich wieder in die Sucht zu verstricken, verlor an Intensität. Ich bin heute nicht gegen jede Versuchung immun; ich muss weiterhin auf der Hut sein und z.B. schnell meinen Internet-Browser schließen, wenn plötzlich anmachende Bilder über den Bildschirm flimmern. Doch es fällt mir bei weitem nicht mehr so schwer. Mein Herz ist mit Liebe angefüllt und ich brauche dem Pseudo-Trost der sexuellen Lust, die meine gesamte Teenagerzeit beeinträchtigt hatte, nicht mehr auf den Leim zu gehen.

Durch die Verirrung in das Labyrinth der Begierde hatte ich viele Jahre meines Lebens verloren. Weil ich in dieser Zeit völlig mit mir selbst beschäftigt gewesen war, war meine persönliche Entwicklung auf Eis gelegen. Körperlich war ich nun ein junger Mann, aber meine innere Reife entsprach dem eines pubertierenden Jungen. Doch Gott ist fähig, diesen zeitlichen Verlust zu kompensieren. Die folgende Bibelstelle drückt dies bildlich aus:

Joel 2,25

Der Herr sagt: »Ich habe mein großes Heer gegen euch geschickt. Aber jetzt ersetze ich euch die Ernten, die die Heuschreckenschwärme vernichtet haben. (GNB)

Gott hat die zerstörerischen Kräfte aus meinem „Herzensacker" vertrieben; er hat mir auch die Jahre erstattet, in denen dieser brach gelegen war. Nachdem das Ungeziefer verschwunden war, konnte meine Persönlichkeit endlich aufblühen.

Die Loslösung von meinem Problem bedeutete eine geistliche Veränderung. Meine Beziehung zu Gott wurde intensiver, mein Herz wurde gesund, und so konnte ein Reifeprozess in Gang kommen. Meine sozialen Kompetenzen waren ja sehr verkümmert. Nun war ich in dem interessanten Zustand, dass ich mich von Gott geliebt wusste, aber mich weiterhin von Menschen abgelehnt fühlte (was eine Lüge war). Ich musste lernen, meine

Nabel-Perspektive abzulegen. In meinem Missionsteam gab es deshalb immer wieder Spannungen und Konflikte. Mein Leiter hatte ein sehr dominantes Auftreten, was mich recht einschüchterte. Doch das Problem lag bei mir; ich war nicht nur ein ruhiger Typ, sondern musste weiterhin mit meiner inneren Unsicherheit kämpfen. Aber Gott arbeitete weiter an meinem Herzen. Irgendwann dämmerte es mir: „Hey, ich fühle mich nicht mehr abgelehnt!" Die Annahme Gottes war von meinem Herzen auf meine Umwelt übergesprungen, und ich war endlich frei vom Gefühl des Abgelehnt-Seins. Wie die schmutzige Leidenschaft war die Ablehnung mein beständiger Begleiter gewesen, und gerade die Kombination dieser beiden teuflischen Mächte hatte eine zerstörerische Auswirkung auf mein Leben. Interessanterweise hatte ich die Befreiung von sexueller Lust bei dem Gebet in England richtig gehend gespürt; bei der Ablehnung war es anders verlaufen. Gott hatte mein Herz so sehr mit seiner Liebe erfüllt, dass der dämonischen Macht der Ablehnung immer mehr der Zugriff auf meine Seele entzogen wurde, bis sie sich stillschweigend aus meinem Leben verabschieden musste.

Meine innere Veränderung hatte auch eine Auswirkung auf die Beziehung zu meinem Leiter; nun verband uns eine herzliche und entspannte Freundschaft.

Auch emotional bekam ich immer mehr Boden unter den Füßen, und die dunkle Wolke der Depression verzog sich aus meiner Gefühlswelt. Ich wurde immer ausgeglichener, und Gefühle der Freude bekamen die Oberhand.

Heute schaue ich zurück auf die verkorksten Jahre meines Lebens und bin... dankbar!

Es war eine schreckliche Zeit, aber ich bin froh darüber,

was Gott daraus gemacht hat. Er hat nicht nur die Fähigkeit Negatives auszuradieren, sondern er dreht den Spieß um und macht aus dem Schlechten etwas Gutes, wie schon Jesaja prophezeite:

Jesaja 61,1-2
Der Geist Gottes, des Herrn, ruht auf mir, denn der Herr hat mich gesalbt, um den Armen eine gute Botschaft zu verkünden. Er hat mich gesandt, um die zu heilen, die ein gebrochenes Herz haben und zu verkündigen, dass die Gefangenen freigelassen und die Gefesselten befreit werden. Er hat mich gesandt, um ein Gnadenjahr des Herrn und einen Tag der Rache unseres Gottes auszurufen und alle Trauernden zu trösten. (NL)

Hier ist von Jesus die Rede; er hat ausgebadet, was Adam verbockt hat. Als er am Kreuz hing, hat er teuer bezahlt für die Sünden der Menschen und ihre schrecklichen Auswirkungen. Er heilt gebrochene Herzen und befreit die Gefangenen. Die folgenden Verse beschreiben das ganze Ausmaß von Gottes Wiederherstellung:

Jesaja 61, 3-4
Er hat mich gesandt, um es den Trauernden zu ermöglichen, dass ihnen ein Kopfschmuck anstelle von Asche, Freudenöl anstelle von Trauerkleidern, und Lobgesang anstelle eines betrübten Geistes gegeben werde; und dass man sie „Eichen der Gerechtigkeit" und „Pflanzung zur Verherrlichung des Herrn" nennen kann." Dann werden sie die uralten Ruinen wieder herstellen, und was seit langem verwüstet war, wieder aufrichten. Sie werden sowohl die vom Krieg zerstörten Städte wieder aufbauen als auch die Trümmer vergangener Generationen. (NL)

Gott heilte nicht nur mein gebrochenes Herz; die negativen Erfahrungen der Vergangenheit münzte er in positive Energie um. Durch Jesu Rettungstat haben alle Kinder Gottes das Vorrecht, diese Transformation zu erleben.

Schmutz wird in Schmuck, Trauer in Freude, Verzweiflung in Jubel und Lobpreis verwandelt. Waren wir vorher innerlich gebrochen und geknickt, dürfen wir jetzt wie prächtige Eichen dastehen. Zuvor waren wir am Boden zerstört; doch weil wir eine innere Verwandlung durchlebten, haben wir die Sensibilität und Entschlossenheit, anderen Menschen zu helfen, aus den Trümmern ihres Lebens aufzustehen und einen Neuanfang mit Gott zu wagen.

Unsere Geschichte gibt anderen die Hoffnung, dass auch sie einen geistlichen Durchbruch schaffen und sich von den Dingen, die sie jahrelang versklavt haben, lösen können.

Kintsugi ist eine traditionelle Reparaturmethode für kaputte Keramikgefäße in Japan. Einzelteile einer zerbrochenen Vase werden mit einer Masse zusammen geklebt, die Goldstaub beinhaltet. Die goldenen Nähte, die die zerbrochenen Teile zusammenhalten, haben dekorativen Charakter und machen das Ergebnis wertvoller als die ursprüngliche Vase. Auch unser himmlischer Vater hat die Fähigkeit, etwas Schönes und Wertvolles aus der Zerbrochenheit unseres Lebens entstehen zu lassen. Das durfte ich erleben. Nun steht die Frage im Raum: „Heilte Gott mich von einem krankhaften Sexualtrieb, damit ich für immer Junggeselle bleibe?" Zum Glück nicht...und im folgenden Kapitel will ich erzählen, wie ich die Frau meiner Träume fand.

5. Meine Love-Story

5. Meine Love-Story

Gott ist der beste Partnervermittler!
Als 21-Jähriger ging ich als Missionar nach Albanien. Dort gab es einige Mädels, die mir gefielen. Einige von ihnen brachten meinen Hormonhaushalt ziemlich durcheinander; aber mir war klar: die aufwallenden Gefühle werden keine Grundlage für eine lang anhaltende Beziehung bilden. Auch war mir klar, eine Albanerin zu heiraten würde eine große kulturelle Herausforderung darstellen. So erklärte ich meinen Eltern vollmundig: „Ich werde nur eine Deutsche heiraten!" Die machten sich wahrscheinlich insgeheim Sorgen um mich: „Wie will der Kerl dann in Albanien eine Frau finden, wo weit und breit keine Deutsche zu sehen ist?" Ich ging nicht auf Brautschau; Gott übernahm diesen Part für mich – und schenkte mir die Frau, die am besten zu mir passt. Nach vier herausfordernden Monaten in Albanien kam mein erster Heimataufenthalt. Jugendgruppen von München und Schopfheim waren in meiner Heimatgemeinde über Sylvester 1994/1995 zusammen gekommen, und ich konnte als Mitarbeiter teilnehmen. Die Leiterschaft hatte unterschiedliche Vorstellungen von dieser Zeit, wovon die ganze Freizeit in Mitleidenschaft gezogen wurde. Wir trafen uns zu einem Krisengebet. Dabei fiel mir ein Mädel aus dem Schopfheimer Jugendkreis besonders auf: Sie las Bibelstellen vor, die total in die Situation passten. In dieser Gebetszeit erlebten wir Gottes Gegenwart sehr intensiv, und die geistliche Atmosphäre der Freizeit änderte sich schlagartig. Wir redeten zwar während dieser Freizeit kein einziges Wort miteinander, aber in mein Tagebuch schrieb ich: „Diese Monika aus Schopfheim schraubt die

Latte hoch, wie ich mir eine zukünftige Partnerin vorstelle." Es imponierte mir, dass sie offensichtlich so eng mit Gott verbunden war.

Nach der Freizeit kehrte ich nach Albanien zurück. Zwei Jahre später, im Jahr 1997 brachen dort bürgerkriegsähnliche Unruhen aus, wie ich im vorigen Kapitel erwähnt habe. Ich musste das Land verlassen. Bis sich die Lage in Albanien beruhigte, schloss ich mich der „Freien Christlichen Jugendgemeinschaft" in Lüdenscheid an und arbeitete im Missionshaus. Wegen Drogen oder Beziehungsstress gestrandete Menschen konnten in dieser Wohngemeinschaft Halt finden und Gottes Liebe erfahren.

Im November war in Lüdenscheid ein christliches Konzert mit 2500 Besuchern. Während ich in der Eingangshalle rumschlenderte, sah ich „zufällig" Monika. Unsere Augen trafen sich. Ich sprach sie an: „Wir kennen uns doch?" und sie meinte: „Ja, wir waren zusammen bei der Jugendfreizeit in München." In mir erwachten die Erinnerungen. Das Gespräch dauerte nur eine Minute und dann verschwand sie in der Menschenmenge; doch für den Rest des Abends war ich Banane. Dieses hübsche Mädel mit einer reinen Ausstrahlung und einem Herzen, das für Jesus brannte, hatte mich für den Rest des Abends in einen Trance-Zustand versetzt. Noch in den folgenden Tagen konnte ich Monika nicht aus dem Kopf kriegen. So nahm ich meinen Mut zusammen und bat den Leiter des Missionshauses um ein Gespräch. Ich erzählte ihm von meinem Liebeskummer. Er merkte, dass meine Geschichte nicht viel Handfestes bot und meinte: „Das mit dem Verliebtsein ist so eine Sache, man kann seinen Gefühlen nicht trauen. Du gehst bald wieder nach

Albanien. Ich rate dir, loszulassen und Gott deine Gefühle zu geben. Und falls die Sache von Ihm ist, wird er dafür sorgen, dass ihr wieder zusammenkommt." Ich befolgte den Rat. Nach ein paar Monaten hatte sich die Lage in Albanien beruhigt, und ich flog wieder runter und lebte dort die nächsten Jahre.

Im Sommer 1999 heiratete mein Bruder eine Texanerin. Zur Hochzeit flogen wir als Familie in die USA. Auf dem Rückflug hatte ich den plötzlichen Eindruck: „Bald wird es was mit dir und Monika!" Im Nachhinein bestätigte sich dieser Blitzgedanke als ein Impuls von Gott. Doch Gottes Zeitverständnis ist anders als unser menschliches. Es dauerte noch über ein Jahr, bis ich Monika zu Gesicht bekommen sollte. Regelmäßig musste ich an sie denken und dabei wunderte ich mich: wieso geht mir dieses Mädel nicht aus dem Kopf, das ich erst ein paar Male gesehen und mit dem ich erst eine Minute geredet habe? Wieder war es mir wichtig, meinen geistlichen Leiter einzuschalten. Es war der Engländer, von dem ich früher eingeschüchtert war und mit dem ich in der Zwischenzeit eine sehr vertraute Beziehung hatte. Ich erzählte ihm meine Geschichte. Ihm war wichtig zu hören, dass ich nicht nur der Meinung war, dass es Gottes Wille sei, dass ich diese Beziehung eingehe, sondern dass ich auch Gefühle für Monika entwickelt hatte. Er meinte, ich solle doch versuchen sie zu kontaktieren. Und hier lag mein Problem. Wie sollte ich eine junge Frau kontaktieren, von der ich herzlich wenig wusste? Was macht sie gerade und wo wohnt sie? Ich hatte keine Ahnung. Facebook gab es noch nicht. Ich wusste nur, dass sie mal in der Nähe von Schopfheim gewohnt hat. Ich kontaktierte meinen Bruder und fragte ihn, ob er einen Kontakt nach Schopfheim hat. Er gab mir zwei Telefonnummern von Andrea, der Jugendleiterin aus Schopfheim, wusste aber nicht einmal, ob eine von den beiden überhaupt aktuell war. Albanien ist Entwicklungsland, und so war ich froh, dass ich gerade bei meinem Leiter in Tirana übernachtete, der ein Telefon hatte. Ich nahm den Hörer in die Hand und wählte eine der beiden Nummern. Andrea meldete sich am anderen Ende. Nervös fragte ich nach der Adresse von Monika, die auch Mitarbeiterin bei der Jugendfreizeit gewesen war. Andrea erinnerte sich an mich und meinte, sie habe keine aktuelle Adresse von Monika, nur die der Eltern. Ich notierte die Adresse. Später erzählte mir Andrea, dass ich die Nummer ihrer Eltern angerufen hatte. Normalerweise ist sie nicht dort und außerdem ist das Telefon im Gang, wo es oft überhört wird. Aber weil sie zufällig bei den Eltern und gerade auf dem Weg nach draußen war, hatte sie meinen Telefonanruf mitbekommen und konnte mir die Adresse mitteilen. Gott kümmert sich sogar um die Details! Am nächsten Tag spazierte ich durch die Stadt und kaufte eine Postkarte: Tirana bei Sonnenuntergang. Dieses dezent romantische Bild schien mir passend für mein Anliegen. Doch was schreibe ich jetzt auf diese Karte? So viele Jahre waren vergangen, und wir hatten eigentlich nichts miteinander zu tun gehabt. Es war klar, mit dieser Karte konnte ich nur mit Monika in Kontakt treten und hoffen, dass sie reagiert. So schrieb ich:

> Hallo Monika, ich weiß nicht, wie sehr du dich an mich erinnern kannst; wir waren auf der Sylvesterfreizeit 1994/95 zusammen und haben uns kurz beim Kevin-Prosch-Konzert in Lüdenscheid gesehen. Was machst du zurzeit? Ich bin seit zwei Jahren wieder in

Albanien, wo ich eine kleine Gemeinde leite – immer wieder herausfordernd, doch sehr erfüllend. Ich würde mich freuen, von dir zu hören.
Alles Gute
Daniel

Monika bekam die Karte auf dem Umweg über die Eltern und schrieb prompt zurück. Hier die Kurzfassung ihres Briefs:

Interessant, nach so vielen Jahren von dir zu hören. Ich studiere Musik und Deutsch auf Grundschullehramt in Freiburg und bin im Lobpreisteam der Calvary Chapel aktiv.

Jetzt zu Albanien: Schon länger bete ich darüber, was ich im Sommer machen soll. Ich glaube, Seine Antwort war: „Albanien, Tirana". Ich nahm das nicht sehr ernst, dachte, der einzige, über den ich jemals irgendetwas von Albanien gehört hatte, bist du. Ich dachte, ich könnte das schlecht bringen, mich bei dir zu erkundigen. Ich wusste ja nicht, ob du noch da bist, außerdem kennen wir uns kaum. Ich bin immer noch erstaunt, ein Bild von Tirana jetzt vor mir zu haben. Damit verbunden die Frage, ob du es dir vorstellen könntest, dass ich, in welcher Form auch immer, dort für ein paar Wochen Gott dienen und Euch helfen könnte in dem, was ansteht?"

Am Ende des Briefs standen noch ihre Post- und E-Mailadresse und Telefonnummer und ein Gruß.

Ich las den Brief, mich traf der Schlag und ich fühlte mich wie ein in der Schwerelosigkeit fliegendes Objekt. Hatte ich mir doch Sorgen gemacht, dass Monika mich für total durchgeknallt hält, wenn sie meine Karte bekommt – und

5. Meine Love-Story

jetzt krieg ich solch eine Antwort!

Wir blieben im E-Mail-Kontakt. Dabei erfuhr ich, dass Monika selber als Kind von Missionaren in Afrika aufgewachsen war. Meine Erwartung auf die Begegnung im Spätsommer stieg. Dann kam der September. Meine Eltern besuchten mich für zwei Wochen. Am Ende der Zeit brachte ich sie nach Saranda in Südalbanien, von wo aus sie mit einer kleinen Fähre nach Korfu übersetzten. Welch eine Symbolik: Im selben Hafen, in dem sich meine Eltern von mir trennten, würde ich am folgenden Tag Monika in meinem Leben begrüßen. Bei der Verabschiedung wünschte mir mein Vater noch eine gute Zeit mit dem Besuch, auf den ich nun wartete. Sollte nun ihre Hoffnung in Erfüllung gehen, dass ihr inzwischen 27-jähriger Sohn endlich eine Frau findet?

Voller Aufregung erwartete ich den nächsten Tag. Im Jahr 2000 gab es noch sehr wenige Sicherheitsvorkehrungen in dem kleinen Hafen von Saranda und so konnte ich direkt am Anlegesteg warten, während Monika auf einer offenen, kleinen Fähre anlegte. Wir begrüßten uns, während sie noch im Schiff auf den Ausstieg wartete und ich an Land stand. Mein erster Gedanke war: „Sie ist so hübsch!" Endlich hatte das Warten ein Ende, und sie konnte aussteigen. Soviel Hoffnung hatte ich in diese Begegnung gesteckt und gleichzeitig wusste ich, dass ich behutsam vorgehen musste; schließlich kannten wir uns ja kaum! Am folgenden Tag fuhren wir mit dem Bus in meine Stadt Memaliaj. So viele Parallelen waren zu erkennen: Wir waren jeweils die zweiten in der Geschwisterfolge und hatten jeweils zwei Brüder und eine Schwester. Unsere Väter waren beide Pfarrer in der evangelischen Kirche. Doch noch wichtiger war, dass uns der gemeinsame Wunsch verband, im Ausland zu leben. Unsere Gespräche waren so entspannt, als ob wir uns schon lange kannten. Ich musste mich nicht verstellen, sondern konnte einfach ich selber sein in unserer gemeinsamen Zeit.

Monika wohnte in einer albanischen Familie bei einem Mädel aus der Gemeinde; so bekam sie die hiesige Kultur hautnah mit. Um ihre Gastgeber nicht zu beleidigen, aß sie oft über ihren Hunger das ölige, lauwarme weich gekochte Gemüse. Sie machte Gebetsspaziergänge mit meiner Teamkollegin und half in der Gemeindearbeit; ansonsten war ihr Missionseinsatz sehr „beziehungsorientiert"! Immer wieder saßen wir in meiner Wohnung bei einer Tasse Tee zusammen und lernten uns näher kennen. Am Sonntagabend erzählte mir Monika, dass vor kurzem ihre Freundschaft mit einem Jungen in die Brüche gegangen war. Da dachte ich bei mir: „Hmm, da bin ich aber ein besserer Typ, ich hatte noch keine Freundin." Wie abscheulich doch Stolz ist! In meiner Überlegung hatte ich ganz vergessen, welches Erbarmen Gott mit mir gehabt hatte und mich aus dem ekligen Morast der Pornographie befreit hatte. Wie abwegig, dass dieser Gedanke des Überlegen-Seins in mir aufkreuzte! Am darauf folgenden Mittwoch lud ich Monika ein, zu einer Tasse Tee vorbeizukommen, nachdem sie in ihrer albanischen Familie zu Abend gegessen hatte. Nun wollte ich ihr meine Liebe gestehen. Ich wartete und wartete…Um 9 Uhr klopfte es endlich an der Türe. Es war Monika. Da saßen wir nun auf dem Sofa. Wie sollte ich das Gespräch anfangen? Ich entschied mich, einfach zu erzählen, wie ich unsere bisherigen Begegnungen erlebt hatte. Die besondere Gebetszeit in München, die Begegnung in Lüdenscheid, bei der ich mich verliebt hatte, und wie sehr mir ihre Art gefiel jetzt, wo wir uns ein bisschen kennengelernt hatten. Ich drückte aus, dass ich mir eine Freundschaft wünsche.

Auf Monikas Reaktion war ich überhaupt nicht vorbereitet. Sie sagte mir, bevor wir über meinen Freundschaftsantrag weiter reden, möchte sie etwas von sich erzählen. Ganz offen beschrieb sie mir, wie sie die kürzlich beendete Beziehung in eine schwere Krise geworfen hatte, bis dahin, dass sie Gott angeklagt hatte. Ich war sprachlos; für mich war klar gewesen, wenn ich einer hübschen Dame den Hof mache, dann zeige ich mich nur von meiner besten Seite und versuche ihr zu imponieren.

Doch Monika fuhr genau die entgegengesetzte Strategie; sie war transparent - auch mit ihren Schwächen. Die letzten sechs Jahre meines Lebens waren recht positiv und stabil verlaufen; doch durch Monikas entwaffnende Art fühlte ich mich in guter Weise in Frage gestellt. War aus mir ein kleiner Pharisäer geworden? Das waren die Leute, die dachten, durch ihr Verhalten Gott zu gefallen, aber die Jesus immer wieder wegen ihres geistlichen Stolzes konfrontiert hatte. Ich wurde neidisch auf Monika, die in der Krise die Gnade Gottes in einer Weise erlebt hatte, die mir fremd war und etwas hatte, was mir fehlte: den Mumm, auch vor anderen einfach sie selber zu sein. All das machte sie noch attraktiver in meinen Augen. Ich bin ihr so dankbar, dass sie mir auf diese sanfte Art die Lektion erteilte, eine romantische Beziehung kann nur auf Ehrlichkeit und Transparenz aufgebaut sein, ansonsten wird sie früher oder später in die Brüche gehen.

Nachdem Monika ihre Geschichte zu Ende erzählt hatte, sagte sie auf die Frage, ob sie sich eine Freundschaft vorstellen könne: „Mein Kopf sagt ‚nein', aber mein Herz sagt ‚ja'".

Zum Glück siegte das Herz, und so waren wir ab diesem Abend nach nur einer Woche Kennenlernen befreundet.
Etwas später erzählte mir Monika, dass ich froh sein kann, dass ich nicht die Floskel: „Gott hat mir gezeigt, dass ich dich heiraten soll!" verwendet hatte. Ein früherer Verehrer hatte dies bei ihr einmal probiert. Zum einen ist das für eine Frau kein Ausdruck von Liebe; die weibliche Seele will umworben werden; zum anderen ist es sehr manipulativ. Als Mann zwingt man quasi die Frau, auf den Antrag einzugehen, damit sie Gott nicht ungehorsam ist. Aber bei so einer wichtigen und langfristigen Beziehung muss sie selber eine freie Entscheidung treffen können.
Am darauffolgenden Abend lud ich Monika zum Abendessen ein. Nach dem Essen redeten wir viel über unsere Familienmitglieder und beteten für sie. Gebet hatte den Anstoß gegeben, dass wir uns gefunden haben, und Gebet sollte auch ein wichtiges Fundament unserer Beziehung bilden.
Einerseits war es nicht leicht, Monika nach drei Wochen wieder gehen zu lassen, andererseits waren wir beide überglücklich, dass Gott uns zusammengeführt hatte.
Wir sahen uns nur alle drei Monate, mal in Deutschland, mal in Albanien. Natürlich hatte ich Sehnsucht nach Monika, und es war nicht leicht, eine Freundschaft über die Distanz zu führen; und doch war es durchaus förderlich für unsere Beziehung. Jeden Tag schrieben wir uns E-Mails – es wurden hunderte von Liebesbriefen. Gleichzeitig war es auch eine besondere Art, so einander besser kennenzulernen. Zum Glück hatte meine Nachbarin einen Telefonanschluss. Jeden Tag klopfte ich bei ihr mit dem Laptop unterm Arm an, um E-Mails runterzuladen.

Manchmal gönnten wir uns den Luxus von teuren Telefonaten, um die Stimme des anderen zu hören.

Ein gutes Jahr nachdem wir uns befreundet hatten, schloss ich die Arbeit in Albanien ab, kehrte nach Deutschland zurück, und am 20.10.2001 heirateten wir. Ich war 28 und Monika 24 Jahre alt.

Beide hatten wir vorher keine sexuellen Beziehungen. Wir schenkten uns einander zum allerersten Mal in der Hochzeitsnacht – welch ein Vorrecht, so in eine Beziehung zu starten, die ein Leben lang halten wird! Gott hatte sich den besten Partner für mich ausgesucht, und nach 15 Jahre Ehe bin ich weiterhin verliebt in die Frau meiner Träume!

Jede Love-Story verläuft anders. Unsere Geschichte erhebt keinen Anspruch darauf, einen Fahrplan zu liefern, wie man seinen Partner findet. Schließlich lebten wir ja in verschiedenen Ländern, und Gott musste zu uns beiden reden, damit sich unsere Wege überhaupt kreuzen konnten. Und doch soll unsere Geschichte illustrieren: Es lohnt sich, zu warten und Gott an erste Stelle zu setzen. Das ist der sicherste Weg, vor Enttäuschung bewahrt zu werden und den Partner fürs Leben zu finden.

6. Sexualität aus der Sicht eines Verheirateten

Kleine Einblicke nach 15 Jahren Ehe

Jahrelang hatte ich mich selbstbefriedigt und damit die sexuelle Erregung von Geschlechtsverkehr imitiert. Doch nach dem Samenerguss fühlte ich mich so einsam wie eh und je. Bei echtem Geschlechtsverkehr hallen dagegen die Glücksgefühle nach. Ich bin unendlich dankbar und fühle mich zutiefst mit meiner Frau verbunden, wenn sie sich mir wieder einmal verschenkt hat. In dem letzten Kapitel dieses Buches möchte ich sowohl auf die Chancen als auch die Herausforderungen einer langfristigen Ehe eingehen.

In einer Ehe leben zwei Personen, die ganz unterschiedlich ticken, unter einem Dach. Als Mann und Frau sind sie andersartig gepolt, und in ihrer Kindheit haben sie jeweils eine unterschiedliche Prägung erfahren. So stellen sich wichtige Fragen: „Wie kommunizieren wir miteinander? Wie gehen wir mit unseren Finanzen um? Wie erziehen wir unsere Kinder?" Aber da gibt es noch einen anderen Bereich, der Konfliktpotential mit sich bringt: die sexuelle Intimität. Wie bitte? Die sexuelle Attraktion hat uns doch zusammengeführt. Sex macht doch Spaß. Wieso sollte er denn eine Ursache für Spannung und Konflikte in der Ehe sein?

Für frisch Verheiratete ist Sex ein Abenteuer; es beinhaltet die Faszination des Neuen. In der Pubertät ist der Sexualtrieb erwacht, endlich dürfen wir ihn in den Flitterwochen ausleben. Wir ergötzen uns am Anblick des anderen. Nie waren wir uns näher.

Aber wie sieht das Ganze in einer langfristigen Ehebeziehung aus? Das, was am Anfang der Ehe eine magnetische

Wirkung hatte, wird im Laufe der Zeit nur durch beidseitige Investition am Leben erhalten. In einer langfristigen Beziehung ist es anstrengend, äußerlich die Hüllen fallen zu lassen, wenn man innerlich ein Korsett trägt.

Geschlechtsverkehr bedeutet ja die Vereinigung zweier Personen auf jeder Ebene. Sex ist dann gut, wenn beide Partner sich sowohl körperlich als auch seelisch ganz dem Partner ausliefern können. Eine frühere sexuelle Beziehung kann ein seelisches Korsett verursachen. Man ist ja mit dem früheren Partner zu einer Einheit verschmolzen; das Scheitern dieser Beziehung hat die eigene Sexualität in Mitleidenschaft gezogen und hemmt die Intimität mit dem jetzigen Ehepartner. Die gute Nachricht ist: Jesus heilt zerbrochene Herzen, doch das ist kein Automatismus. Es ist hilfreich, vergangene Schuld zu bekennen und die seelische Beziehung zum früheren Partner im Gebet zu trennen. Das eigene Herz muss wiederhergestellt werden und das braucht Zeit. Es ist sehr hilfreich, wenn dieser Prozess stattgefunden hat bevor man heiratet, denn dann belastet es den Ehepartner und die Beziehung nicht.

Auch Spannungen und Streit mit dem Ehepartner verursachen ein seelisches Korsett. Wie kann man sich mit der Person vereinen, der man gerade nicht grün ist?

Weil man vom anderen enttäuscht ist, hat man ihm gegenüber eine innere Schutzmauer aufgebaut und damit kann man sich ihm nicht ungehindert ausliefern.

Dann gibt es hin und wieder Situationen, die es schwierig machen, sich ganz auf den Partner einzulassen - man hatte einen anstrengenden Tag; die Kinder sind in der Trotzphase und strapazieren die Nerven, man hatte Stress in der Arbeit, oder man ist mental mit anderen Dingen belegt. Gerade wenn die Kinder in der Baby- und Kleinkindphase sind, ist das Intimleben immer wieder mal nicht so ungestört, wie man sich das wünscht, und manchmal muss man(n) auch aus Rücksicht auf die Gemütsverfassung seiner Frau seine Ansprüche zurückstellen. Häufig hat ein Mann einen stärkeren Sexualtrieb als seine Frau. Seine Seele ist wie ein Sekretär mit vielen Schubladen. Mit Feierabend schließt er die Job-Schublade. Er kann umschalten. Er ist bereit. Doch seine Frau ist ganzheitlicher, vergleichbar mit einem großen Kleiderschrank. Unordnung in einer Ecke wirkt sich auf andere Lebensbereiche aus. Immer wieder gibt es Momente und manchmal auch Zeitphasen, in denen der Mann Rücksicht auf seine Frau zu nehmen und die eigenen Bedürfnisse zurückzustellen hat. Es gibt Tage, an denen der Mann sexuell angespannt ist, aber seine Frau nicht in der Gemütsverfassung für Intimverkehr ist. Dann stellt sich die Frage: Wird er aus mangelnder Selbstbeherrschung heraus irgendwie seine Frau dazu bringen mit ihm zu schlafen? Wenn aber der Geschlechtsverkehr für sie einen fahlen Beigeschmack hat, wird sie in Zukunft gehemmter sein, und beidseitiger Frust beim Thema Sex ist vorprogrammiert. Wenn der Mann aber trotz seiner inneren Anspannung Rücksicht auf seine Frau nimmt, wird sie es ihm bald mit größerer Bereitschaft für Intimverkehr dankend zurückzahlen.

Einmal hatte ich bei dem Gespräch eines 20-jährigen Junggesellen mit einem verheirateten Mann zugehört: Der junge Mann meinte: „Du bist verheiratet, da stehst du ja nicht in der Gefahr der sexuellen Versuchung." Konkret meinte er: „Du kannst regelmäßig Sex haben und bist in diesem Punkt gesättigt – im Gegensatz zu mir."

Sein Gegenüber lachte und stellte klar: „So ist das nicht,

auch als Verheirateter bin ich nicht vor sexueller Versuchung gefeit." Wie Recht er hat! Auch ein verheirateter Mann muss immer wieder wachsam sein, um seine Gedanken sauber zu halten und seine Blicke zu kontrollieren. Ein Mann muss lernen, mit Spannungen in der Ehe konstruktiv umzugehen und seinen Sexualtrieb in Schach zu halten; ansonsten besteht die Gefahr, dass er andere Frauen attraktiver findet als seine eigene oder dass er sich in die Scheinwelt der Pornographie zurückzieht. Pornographie trotz Ehe ist keine Seltenheit, und sie hat verheerende Folgen auf die Partnerschaft. Mehr als die Hälfte der zwanghaften Pornokonsumenten haben Erektionsprobleme beim Kontakt mit der realen Sexualpartnerin. Die Überreizung hat sie im wahren Leben sexuell abgestumpft. Das traurige Resultat ist oft die Scheidung.

Weshalb schreibe ich dies in einem Buch für unverheiratete junge Männer? Ich will dich ermutigen, jetzt schon Vorbereitungen für deine Ehe zu treffen, selbst wenn du die Frau fürs Leben noch nicht kennst. Wenn du dich heute täglich (mehrmals?) selbstbefriedigst, wird es dir schwer fallen, Erfüllung in einer Ehe zu finden, in der du dich immer wieder für etliche Tage am Stück zurückhalten musst. Falls du dich im tosenden Meer der Begierde befindest, glaube nicht, dass du dich nur auf die Insel der Ehe retten musst, um dein Problem zu lösen. Schon nach kurzer Zeit wird die Vergangenheit dich einholen, die Wellen der See, aus der du dich gerettet glaubtest, werden auf die Insel deiner Ehe einbrechen und sie überschwemmen.

Vielmehr gilt es, dich von Gott aus diesem gefährlichen Element der Begierde rausziehen zu lassen, damit du festen Boden unter den Füßen bekommst. Mit gereinigten Gedanken und Selbstbeherrschung wirst du viel besser vorbereitet in die Beziehung eintreten, die ein Leben lang halten soll. Möglicherweise klingen all die Gedanken über Sex in der Ehe ernüchternd. Doch wenn man in der Ehe immer wieder bereit ist Opfer zu bringen und auf den Partner einzugehen, kann die Sexualität bis ins hohe Alter sehr erfüllend sein.

Gott hat die Geschlechter unterschiedlich geschaffen, damit sie sich ergänzen, und die sexuelle Intimität ist eine ideale Brücke, die diese Unterschiedlichkeit verbindet. Der Mann erlebt Erfüllung und Annahme im Geschlechtsverkehr (Schubladen-Denken!). Für die Frau ist es wichtig, im Alltag der Ehebeziehung angenommen und geborgen zu sein. Für sie macht Geschlechtsverkehr nur unter diesem Vorzeichen Sinn und Spaß. Der Sexualtrieb des Mannes gibt ihm die Energie, sich immer wieder auf die Bedürfnisse seiner Frau einzulassen und so eine positive Atmosphäre für die intime Zeit zu zweit zu schaffen. So bleibt ihre Beziehung langfristig leidenschaftlich und erfüllt. Sex - welch ein genialer Gedanke Gottes! Unsere sexuelle Intimität ist für mich

> **Sex ist mehr als ein prickelndes, schnelllebiges Abenteuer, kein Ego-Trip, bei dem die Partnerin eine Nebenrolle spielt. Sex ist der Klebstoff einer langfristig angelegten Beziehung.**

in vielerlei Hinsicht von höherer Qualität als am Anfang der Ehe. Unser gemeinsames Leben hat alle möglichen Feuerproben überstanden, die uns letztlich noch mehr zusammengeschweißt haben. Wenn man gelernt hat, was wahre Liebe ist, hat das „Liebe machen" eine viel tiefere Bedeutung.

Ich bin jetzt 43, und voller Zuversicht schaue ich auf die nächsten 30 Jahre unserer Ehe!
Und hier schließt sich der Kreis: Sex ist mehr als ein prickelndes, schnelllebiges Abenteuer, kein Ego-Trip, bei dem die Partnerin eine Nebenrolle spielt.
Sex ist der Klebstoff einer langfristig angelegten Beziehung.

Stellen wir uns drei Männer mittleren Alters vor, die in ihrer Jugend unterschiedliche Ansätze zum Thema Sexualität verfolgten:
Person 1 lebte seinen Sexualtrieb in der Teenie-Zeit frei aus. Er hatte häufigen Partnerwechsel. Als er Mitte 20 war, konnte er diesen Lebensstil nicht mehr aufrechterhalten; die vielen in die Brüche gegangenen Beziehungen haben ihn dem weiblichen Geschlecht gegenüber zynisch werden lassen. Lang anhaltende Beziehungen mit Frauen sind undenkbar, da er gelernt hat, sich beim ersten Beziehungsstress aus dem Staub zu machen. Nach wenigen Jahren Freizügigkeit hat er zunehmend weniger Möglichkeiten seinen Sexualtrieb auszuleben und ist innerlich vereinsamt.
Person 2 ist ein Christ, der in der Jugend einige Kompromisse eingegangen ist und mit seiner Freundin geschlafen hat. Die inneren Warnungen seines Gewissen hatte er mit der Ausrede übertönt: „Alle anderen machen es auch, also kann es ja nicht falsch sein!" Die Beziehung ging auseinander. Später heiratete er eine andere. Er liebt seine Frau sehr, doch immer wieder – besonders, wenn sie miteinander intim werden, stören Flashbacks aus der vorhergehenden Beziehung. In der Euphorie des Verliebtseins hatte er geglaubt, dass die Beziehung mit

der ersten Freundin ewig halten würde. Doch es kam anders. Jetzt lebt er mit dem nagenden Zweifel, ob die Ehe den Herausforderungen und Spannungen des Alltags standhalten wird.

Person 3 ist nicht perfekt. Aber in der Jugend hat er den vielfachen Versuchungen widerstanden und sich rein gehalten. Nun ist die Zeit gekommen, die Frau seiner Träume zu heiraten. Er hat das Geschenk der Sexualität für sie aufbewahrt. Damit hat er eine gute Ausgangsposition dafür geschaffen, dass er und seine Frau in einer langfristig erfüllten Beziehung leben können. Letzten Endes wird Person 3 wesentlich mehr vom Sexualtrieb profitieren als die anderen beiden.

Irgendwie steckt in uns die Überzeugung der ewigen Jugend. Wir schauen uns die Erwachsenen über 30 an und denken: „Von diesem Alter bin ich eine Ewigkeit entfernt!" Dabei vergessen wir, wie schnell eine Jahrgangsstufe in der Schule verstreicht. Sind wir erst mal 20 Jahre, wird jedes Jahr gefühlt noch schneller vorüber ziehen, und mit 30 Jahren werden wir in Känguru-Sprüngen auf die 40 zugehen.

Deine Jugend wird schneller um sein, als dir lieb ist, aber dein Sexualtrieb wird diese Lebensphase überdauern. Bist du heute bereit, für deine Reinheit zu kämpfen? Deine zukünftige Frau wird es dir danken, und ihr werdet unbelastet und lange von Gottes Geschenk der Sexualität profitieren können.

Danksagung

Mein erster Dank gehört meinem himmlischen Vater: Du hast mein zerbrochenes Herz geheilt und meine Beziehungsfähigkeit wiederhergestellt. Das werde ich nie vergessen.

Monika, du bist und bleibst der wichtigste Mensch im meinem Leben. Immer wieder hast du bewiesen, dass nach einer aufregenden Zeit des Verliebtseins nicht der öde und krampfige Ehealltag kommen muss. Du hältst das Feuer der Liebe am Brennen. Das Leben mit dir ist aufregend und schön. Danke, dass du immer wieder meine Eigenheiten ausgehalten und nie dein Herz mir gegenüber verschlossen hast.

Dieses Buch wäre ohne deine Hilfe, Christine Schubert, so nie zustande gekommen. Du hast sowohl inhaltlich als auch sprachlich das Niveau des Manuskripts angehoben. Vielen Dank, dass du mehr Zeit in dieses Projekt investiert hast, als ich erhoffen konnte.

Danke Eric Müller, dass du mit Liebe zum Detail den Text lektoriert hast und so dem Buch den letzten Schliff gegeben hast.